Adolf Hausrath

Martin Luthers Romfahrt

Nach einem gleichzeitigen Pilgerbuche

Adolf Hausrath

Martin Luthers Romfahrt
Nach einem gleichzeitigen Pilgerbuche

ISBN/EAN: 9783743651333

Hergestellt in Europa, USA, Kanada, Australien, Japan

Cover: Foto ©ninafisch / pixelio.de

Weitere Bücher finden Sie auf **www.hansebooks.com**

Martin Luthers Romfahrt.

Nach einem gleichzeitigen Pilgerbuche erläutert

von

Adolf Hausrath.

Martin Luthers Romfahrt.

Nach einem gleichzeitigen Pilgerbuche

erläutert

von

Adolf Hausrath.

Berlin.
G. Grote'sche Verlagsbuchhandlung.
1894.

Druck von Fischer & Wittig in Leipzig.

Inhaltsverzeichniß.

Seite

Vorbericht.
Anlaß der Reise nach Rom . . . . 1—10
Aufbruch 11
Bayern, Schwaben und Schweiz . . . . 12—13
Die lombardische Ebene . . . . 14—16
Mailand und die Ambrosianer 17
Cremona 18
Padua 18
Herbergen und Klöster 19
Welsche Sitten . . . . 20—22
Klima 22
Bologna 23
Florenz 24
Siena 26
Ankunft in Rom 27
Ponte molle 27
S. Maria del popolo und der Augustinerkonvent . 28—30
Der General Aegidius von Viterbo 31
Die Generalbeichte 32
Luther und die Renaissance 33
Die sieben Pfarrkirchen 35
S. Peter . . . . 36—40
Die Päpstin Johanna . . . . 40—41
Pantheon . . . . 42—44
S. Silvestro in capite 44
S. Giovanni in Laterano . . . . 45—46

	Seite
Die Kapelle Sancta Sanctorum und die Scala Santa	47—49
S. Croce in Gerusalemme	49
S. Sebastiano e S. Stephano	50
Die Katakomben von S. Calixt	50-53
S. Agnese	53
S. Paolo fuori le mura	53
Die Abtei delle tre fontane	54
Ostia	55
S. Pancrazio und Pietro in montorio	55—56
Eindrücke des Gottesdienstes	57
Die päpstlichen Funktionen	59
Das alte Rom	64
Capitol	65
Forum	65
Kolosseum	65
Thermen des Diocletian	65
Gothen und Vandalen	66
Michelangelo	67
Raffael	68
Messe von Bolsena	68
Luthers Urteil über die italienische Kunst	69
Belvedere	70
Die Polizei	70
Julius II.	71
Die Kanzlei	72
Heimreise	73
Padua	73
Innsbruck	73
Salzburg	74
Augsburg	74
Jungfrau Ursula, die große Fasterin	74
Heimkehr	75
Ergebnisse	76

Vorbericht.

Luthers Reise nach Rom bildet eine Episode im Leben des Reformators, die wohl nie völlig wird aufzuhellen sein und die ebendeshalb der Vermutung einen breiten Spielraum läßt.

Der vorliegende Versuch, einen näheren Einblick in Luthers römische Pilgerfahrten zu gewinnen, beruht auf einer Vergleichung von Luthers Erzählungen über Rom, zumeist in den Tischreden, mit einem der Pilgerbücher, wie sie die Romfahrer jener Zeit auf ihren Gängen durch die heilige Stadt zu begleiten pflegten. Schon im zwölften Jahrhundert gab es eine Beschreibung der Stadt Rom und ihrer heiligen Stätten zum Nutzen der Pilger, die gekommen waren, die Merkwürdigkeiten der Stadt zu sehen und ihre Gnadenorte zu besuchen. Dieselbe trug den Titel Mirabilia Romae und wurde unter diesem Titel vielfach erweitert und später in zahlreichen Bearbeitungen nach=
gedruckt. (Vgl. die kritische Ausgabe von Gustav Parthey, Berlin 1869.) Auf Grund dieser lateinischen Schriften sind ähnliche deutsche Pilgerbücher zum Nutzen der deutschen

Romfahrer verfaßt worden. Ludwig Hain (in seinem Repertorium bibliographicum, Stuttgart bei Cotta 1831, Bd. II, 1 p. 419 f., vgl. den Artikel Mirabilia) führt eine lange Reihe solcher Drucke an, die teils in Rom zum Verkauf an deutsche Pilger, teils in Deutschland veranstaltet worden sind.

Einen der ältesten Drucke dieser Art besitzt die Heidelberger Universitätsbibliothek aus der Verlassenschaft des Cistercienserklosters Salem. Ein eigentliches Titelblatt hat dieses Büchlein nicht, sei es, daß es ein solches überhaupt nie besessen, sei es, daß der Titel, bevor das Buch den jetzigen Einband erhielt, schon verloren gegangen war. Die erste Seite schmücken Holzschnitte von drei miteinander verketteten Wappen. Das Wappen links zeigt unter der Kaiserkrone den doppelköpfigen Reichsadler; das Wappen rechts, unter der mit Eichenlaub geschmückten Bürgerkrone, hat die Initialen von senatus populusque Romanus und repräsentiert so die Stadt Rom. In der Mitte, unter der dreifachen Papstkrone und den beiden Schlüsseln, zeigt sich das Wappen Innocenz' VIII., das heißt der Genueser Familie Cibo mit dem Genueserkreuze und dem gewürfelten Querstreifen. (Über die Papstwappen vgl. Trésor de numismatique et de glyptique, médailles des papes depuis le milieu du XV siècle. Paris 1839. Innocenz VIII. pag. 4, planche III.) Das Büchlein ist mithin unter Innocenz VIII. 1484—1492 herausgekommen und gehört unter die älteren Pilgerbücher dieser Art, denn die datierte Ausgabe von 1491 hat seinen Text bereits benützt. Seitenzahlen besitzt das Buch nicht. In der gothischen Initiale zeigt sich das Bild des mit gefalteten Händen betenden Heilands. Dasselbe kehrt später nochmals wieder mit einem sauberen Holzschnitte, der die Verehrung des Veronicatuches darstellt. Die Eingangsworte lauten: „Da die heylige stat Rom gepauet wart von anbegin der welt dusent fierhundert und funfzig jare do Troja erstoret wart von dem krychischen keyser und die fursten und hern fluhen von der grossen stat Troya uff dem mere mit grossem guet in andere lande: und in den selben landen paueten sie stette" u. s. w. Ob etwa am Schlusse des Buchs Ort und Jahr des Drucks angegeben waren, läßt sich nicht sagen, indem die letzten Blätter unserem Exemplare fehlen.

Eine andere Ausgabe des gleichen Buches erwähnt Karl Jürgens (Luther von seiner Geburt bis zum Ablaßstreite, Bd. 2, S. 299). Dasselbe bietet am Schlusse Datum und Druckort. „Gedruckt und volend in keyserlichen statt Nürnberg Nach cristi unsers hern gepurt thausent vierhundert und im eynhundneunhigsten iar. Am mitwoch vor des heyltum." Ein Exemplar, das die Leipziger Universitätsbibliothek besitzt, ist mir durch gütige Vermittelung des Herrn Oberbibliothekar Zangemeister dahier zur Vergleichung verschafft worden. Leider hat die Schere eines bekannten Sammlers das Titelblatt und die Holzschnitte aus dem Buche herausgeschnitten. Nach Jürgens, der das Buch noch vollständig kannte, lautete der Titel: „wye Rom gepauet wart und von dem ersten kunig zu

Rome, wye sye geregieret haben, wye kayser Constantinus getaufft wart und vom Aussatz gereynigt war, wye er dem pabst sand Sylvester bye stat Rome und das landt daselbst gabe ym und und allen seynen nachkomen und satzt yn und sein nachkomen zu einem haubt allen christen. Was kirchen in Rome syn und was heyltum und genad in den kirchen allen ist. Alle die stationes in den kirchen über das ganz jar." Auch diese Ausgabe trägt die drei genannten Wappen auf der ersten Seite. Der Druck ist weitläufiger, die Seiten schmaler. Der Text des Heidelberger Exemplars ist der Ausgabe zu Grunde gelegt, aber statt der Abkürzungen sind die Worte meist ausgedruckt, die Sätze sind zuweilen gefügiger gemacht, kleine Abänderungen kommen vor, auch falsche Lesungen; so heißt es, wer die 28 Staffeln der Peterskirche auf= und absteige, erhalte für jede Staffel tausend Jahre Ablaß. Die Übertreibung erklärt sich daher, daß der Drucker die etwas undeutliche gothische VII der älteren Ausgabe fälschlich für M gelesen hat, so daß aus je sieben Jahren je tausend geworden sind. Die Änderungen am Texte sind nur ganz unbedeutende und berühren fast nirgends den Sinn. Das Repertorium von Hain führt zwölf verschiedene deutsche Beschreibungen Roms derselben Art an, die zumeist in Rom gedruckt sind und deren Titel fast übereinstimmend lauten: „In dem püchlein stat geschrieben, wie Rom gepaut ward." Es findet sich darunter eine sofort näher zu beschreibende undatierte Ausgabe aus der Zeit Sixtus' IV., 1471—1484, dazu datierte von 1480 und 1482, ferner

Ausgaben von 1487, 1494, 1500, 1501 und 1502, die alle vor Luthers Romreise fallen. Unsere Heidelberger Ausgabe scheint Hain nicht gekannt zu haben, während er die Nürnberger von 1491 unter 11212 aufführt. Auch Panzer hat (in den Annalen der älteren deutschen Literatur, Nürnberg 1788, p. 43 ff. und 190 f.) eine Reihe ähnlicher Drucke beschrieben, doch trifft keine seiner Beschreibungen auf unser Büchlein ganz zu, während die Benützung der gleichen Holzschnitte doch zeigt, daß die einzelnen Ausgaben voneinander abhängig sind und zum Teil wohl auch aus der gleichen Offizin stammen. Die älteste der bis jetzt bekannten deutschen Ausgaben (bei Hain, Repertorium 11208) ist nach dem Papstwappen, das hier unter dem Veronicabilde angebracht ist, unter dem Pontifikat Sixtus' IV., also zwischen 1471 und 1484 gedruckt worden. Den Umfang des Buches giebt Panzer auf 92 Blätter an, während das unsere vollständig etwa 54 Blätter gehabt haben wird. Die Stelle über die Päpstin Johanna, die Panzer mitteilt, stimmt fast buchstäblich mit unserem Exemplare; falls Panzer das Papstwappen, das er nicht beschreibt, richtig deutete, repräsentiert also das Heidelberger Exemplar eine spätere abgekürzte Ausgabe jenes älteren, unter Sixtus IV. gedruckten Buches. Einen Titel hat dieses ältere Buch nach Panzer gleichfalls nicht. Auf der Rückseite des ersten Blattes steht der Veronicaholzschnitt, der in unserem Exemplare die Rückseite des achten Blattes bildet. Auf dem folgenden Blatte findet sich sodann das Inhaltsverzeichnis: „Item in dem puechlein stet geschrieben wie Rome gepauet warb und von dem erften kunig" u. f. w.

Auf der Rückfeite diefes Blattes ift ein Holzfchnitt, der das Kapitol, eine Wölfin und eine neben einem Tempel knieende Perfon darftellt. Nach diefen Emblemen, die fich auch in einem lateinifchen Führer, gedruckt bei Magifter Stephanus Plannck de Patania zu Rom unter dem Pontifikat Alexander VI., vorfinden, ift diefes deutfche Pilgerbuch in Rom gedruckt worden und gehört wahrfcheinlich der genannten Offizin an. Den Veronicaholzfchnitt hat dagegen auch die Nürnberger Ausgabe von 1491, weshalb unficher bleibt, ob unfere Ausgabe aus einer römifchen oder einer deutfchen Druckerei herftammt. Aus alledem geht hervor, daß es eine große Anzahl von folchen Pilgerbüchern gegeben hat, die dem Bedürfnis entfprechend häufig aufgelegt worden find, voneinander aber wenig abweichen, im Gegenteil faft denfelben Text bieten. Wie verbreitet fie im Reformationsjahrhundert waren, erhellt auch daraus, daß einer deutfchen Überfetzung von Calvins traicté des reliques (Corpus reform. XXXIV, p. 410) als Anhang das deutfche Pilgerbuch angehängt war (Panzer p. 46). Calvin felbft hatte indeffen für diefen Tractat offenbar einen fyftematifchen Katalog aller Reliquien, nicht bloß der römifchen, vor fich. Daß dagegen Luther bei feiner Reife und vielleicht auch fpäter unfer Pilgerbuch in irgend einer feiner vielen Bearbeitungen benützte, das beweift das unverkennbare Zufammenftimmen feiner Angaben und Äußerungen über die einzelnen heiligen Orte mit unferem Büchlein. Schon

Jürgens hat darauf hingewiesen, wie die Verheißung, die Luther (Erl. Ausg. 40, 284) erwähnt: "Selig ist die Mutter, deren Sohn am Sonnabend zu S. Johann eine Messe hält", in dem erwähnten Pilgerbuche ihre Parallele hat in dem Worte des Papstes Bonifacius: "Selig ist die muter die das kint gebar das gen Rom kumpt zu der kirchen und besunder am samstag durch das gantz jar so ist statio zu S. Johan lateran." Aber auch die Legende vom Papst Silvester II., die das Pilgerbuch zu S. Croce in Gerusalemme berichtet, wiederholt Luther völlig übereinstimmend Coll. III, 230 ed. Bindseil und Tischreden 3, 183, Ausgabe von Förstemann. Nicht minder auffällig ist die Übereinstimmung der Zählung von 46 Märtyrerpäpsten, die nach dem Pilgerbuch im Coemterium S. Calixti beigesetzt sind, mit Luthers Zählung in seinem Unterricht auf etliche Artikel. Erlanger Ausgabe 24, 8. Kritische Gesamtausgabe 2, 72. Ebenso stimmt Luthers Erzählung der Legende der Abtei delle tre fontane Coll. III, 254 durchaus mit der Erzählung des deutschen Pilgerbuchs und der Mirabilia Romae, ed. Parthey 12 und 53. Neben diesen Parallelen mag man noch bei Luther und im deutschen Pilgerbuch vergleichen: das Veronicatuch in S. Peter, Coll. Bindseil II, 8, Tischreden 3, 242 f., den Strick des Judas, Tischreden 4, 690, das Grab der Päpstin Johanna, Coll. III, 232, Tischreden 3, 183 f., das Pantheon, Erlanger Ausgabe 58, 89, 90. 23, 264 mit Mirabilia Romae ed. Parthey p. 41, 15 f. S. Silvestro in capite, Tischreden 3, 210. Coll. III, 247. Schlaginhauffen 15 und anderes. So läßt sich ziemlich alles, was Luther über römische Lokalitäten erzählt, in dem Pilgerführer nachweisen. Auffällig ist, daß Luthers Notiz, Erl. Ausg. 58, 89, Kaiser Phokas habe dem Papste Bonifacius III. das Pantheon überlassen, sich zwar in Mirabilia Romae ed. G. Parthey p. 41 findet, nicht aber im deutschen Pilgerbuch. Die Möglichkeit bleibt also, daß Luther ein auf Grund der Mirabilia Romae erwachsenes, unserem Pilgerbuch nahe verwandtes, aber doch nicht ganz mit demselben übereinstimmendes Buch dieser Art gekannt hat. Indessen hat er sich über die Schenkungen des Kaisers Phokas an Bonifacius III. auch aus anderen Quellen unterrichtet. (Vgl. Lauterbach, Ed. Seidemann, p. 61. Wider das Papstthum zu Rom vom Teufel gestiftet. Erlanger Ausgabe 26, 138. 139. 144. 145. 146.), ganz abgesehen davon, daß er auch die Phokassäule auf dem Forum sah, die „die zahllosen Wohlthaten der Frömmigkeit" dieses Kaisers rühmt. In dem einen wie dem anderen Falle lassen sich seine Äußerungen über die heilige Stadt aus den vorliegenden Beschreibungen des damaligen Rom ungefähr so erläutern, wie wir auch heute Mitteilungen eines Reisenden besser verstehen, wenn uns ein Zufall sein Reisebuch in die Hand spielt. Auf eine solche Erläuterung von Luthers eigenen Berichten hat die vorliegende kleine Arbeit es abgesehen. Über Vermutungen kommen wir auch so nicht hinaus, aber schon die Erwägung der Möglichkeiten hat bei einem Leben wie diesem seinen Reiz.

Heidelberg, Dezember 1893.

Hausrath.

Martin Luthers Romfahrt.

Den Forschungen Theodor Kolbes über die deutsche Augustinerkongregation¹) verdanken wir neben reichen anderen Belehrungen auch die Kenntnis der äußeren Veranlassung, die Luther im Herbste des Jahres 1511 nach Italien und Rom geführt hat. Aus dem Augustinerorden hatte sich während der kirchlichen Reformbewegung des fünfzehnten Jahrhunderts eine strengere Gruppe abgesondert, die deutsche Kongregation der Observanten, so genannt, weil sie die unbedingte Einhaltung der Regel verlangten und sich von den Konventen lossagten, denen das Klosterleben zu einem bequemen Ruhepolster geworden war. Während die Konventualen von vier deutschen Provinzialen geleitet wurden, hatte zuerst Andreas Proles dreißig reformierte Klöster als Generalvikar zu einer eigenen Kongregation zusammengefaßt, die zwar den Augustinergeneral in Rom noch als Oberhaupt anerkennen mußte, von den deutschen Provinzialen aber sich unabhängig stellte. Auf Proles folgte als Vikar dieser Augustinereremiten von der Observanz im Jahre 1503 Johann von Staupitz, der bereits daran denken durfte, seine reformierte Kongregation auch von der Herrschaft des Generals zu befreien, indem er sie unmittelbar dem Papste unterstellte, während er zugleich die Unterwerfung der noch nicht reformierten Konvente, zunächst der sächsischen Provinz, in Angriff nahm. In eigenen Konstitutionen gab Staupitz den Observanten eine festere Organisation und schloß eine Verbindung mit der mächtigen lombardischen Kongregation ab, die bie Freiheit vom General, die Staupitz anstrebte, sich bereits erkämpft hatte. Den Gesandten, die sich zu diesem Zweck nach Italien begaben, nämlich dem Münchener Prior Nikolaus Besler und seinem Begleiter Heinrich Rietpusch, glückte es im Jahre 1505, diese Verbindung herzustellen, wonach der Prokurator der Lombarden in Rom auch die Vertretung der deutschen Observanten übernahm. Es gelang Besler, die Genehmigung des Papstes zu diesem Abkommen zu erlangen, aber der im September 1505 gewählte neue General Augustinus von Interamna beschloß, den Emanzipationsgelüsten Staupitzens mit aller Energie entgegenzutreten. Als die beiden Gesandten Staupitzens nach Rom zurückkehrten, behandelte der General sie als Gefangene und verbot ihnen, bei einer Geldstrafe von hundert Dukaten und Androhung der Exkommunikation, die Stadt zu verlassen. Besler und Rietpusch lebten in dem Augustinerkonvent bei S. Maria del popolo in fortwährender Angst vor dem General, ja sie glaubten ihres Lebens nicht sicher zu sein. Auch stellte eine neue päpstliche Verfügung vom 24. März 1506 die Gewalt des Generals über die deutschen Observanten auf dessen Betreiben wieder her. Da führte der Auftrag Friedrichs des Weisen, eine päpstliche Bestätigungsbulle für die neugegründete Universität Wittenberg zu erwirken, Staupitz selbst an den Hof Julius' II. nach Bologna, wohin nun auch Besler entboten wurde. Da Augustinus von Interamna gegen Ende des Jahres 1506 starb, konnte Staupitz gerade noch bei der Wahl eines neuen Generals mitwirken. Der neue General, Aegidius von Viterbo, war ein Freund der Observanz und stand mit Staupitz in bestem Einvernehmen. Die Autorität des Generals erkannte Staupitz nunmehr an, dafür wurde er entschädigt, indem man ihm die Reform der sächsischen Konvente, die die Observanz nicht angenommen hatten, gestattete. Schon am 15. Dezember 1506 erließ der päpstliche Legat Bernhard, Kardinal vom Titel S. Croce in Gerusalemme, von Memmingen aus, eine Bulle, die Staupitzens neue Konstitution der reformierten Augustinereremiten von der Observanz bestätigte und ihm die Reform der sächsischen Klöster auftrug. Durch eine neue Wahl sollte Staupitz dann zu dem Vikariat der Observanten auch das Provinzialat der sächsischen Konventualen übernehmen, worauf die völlige Verschmelzung der beiden Kongregationen nur noch eine Frage der Zeit gewesen wäre.

Da kam der Widerspruch aus dem Kreise der Observanten selbst, die sich von einer Verbindung mit den Konventualen keinen Vorteil versprachen. Ihr Widerstand wuchs,

als unter dem 26. Juni 1510 der General in Rom unter Mißachtung ihrer Rechte, den Vikar der Observanten, Staupitz, kurzweg auch zum Provinzial in Sachsen ernannte, um die Union durchzuführen. Sieben Klöster von des Vikars eigener Kongregation, darunter gerade die wichtigsten, Erfurt und Nürnberg, verweigerten den Gehorsam. Die Mönche fürchteten, bei einer Union mit den Konventualen würde der Ernst der Observanz notleiden und das alte Schlender=
wesen werde wieder einreißen. Die Stadt Nürnberg aber hatte früher die Unterstellung ihres Klosters unter einen bayerischen Provinzial als politische Gefahr betrachtet, und vielleicht noch mehr aus diesem politischen Grunde als aus Interesse an der mönchischen Disziplin setzte sie der Ver=
bindung des Klosters mit einem sächsischen Provinzial gleichfalls zähen Widerspruch entgegen. Der Magistrat griff sogar zu Zwangsmaßregeln und entzog dem Augustiner=
kloster das Trinkwasser, bis die Brüder versprachen, sich für die Freiheiten ihres Klosters bei Staupitz ernstlich ver=
wenden zu wollen.[2]) Ein Ausgleich, den Staupitz im Sommer 1511 versucht hatte, wurde von dem Nürnberger Rate am 19. September 1511 zurückgewiesen, und nun willigte der Vikar selbst darein, daß eine neue Gesandt=
schaft nach Rom gehe und die Frage der Entscheidung des Generals und der Kurie unterbreite. Daß der im Sep=
tember 1511 zu Wittenberg zum Doktor gemachte Prior Johann von Mecheln im Februar 1512 von einer Gesandt=
schaft in Rom zurückkehrte und mit dem Vikar in Salzburg zusammentraf, steht fest.[3]) Dieser Abgesandte Staupitzens

wird also im Herbste 1511 entsendet worden sein, nachdem die Verhandlungen mit der Stadt Nürnberg definitiv gescheitert waren. Auf der Thatsache, daß dieser Gesandte seine Reise von Wittenberg aus antrat, beruht die Annahme, daß Luther an der Seite dieses Gesandten Staupitzens Rom besucht habe. Melanchthon, Luthers Freund, und Cochläus, Luthers leidenschaftlicher Gegner, berichten beide, Luther sei nach Rom gereist aus Anlaß von Streitigkeiten, die den Orden der Augustiner zerrütteten und die, nach Cochläus, ihre Spitze gegen Staupitz kehrten. Es kann das nur der Streit sein, den der General im Juni 1510 durch Ernennung Staupitzens zum Provinzial der sächsischen Konventualen heraufbeschworen hatte. Melanchthon setzt diese Reise in das Jahr 1511,[4]) in welchem Falle Luther derjenigen Mission angehörte, die den bis in den September 1510 fortgesetzten Streit zum Abschluß brachte, wie Cochläus auch ausdrücklich berichtet. Wenn Luther mehrmals das Jahr 1510 als das Jahr seiner Romreise bezeichnet, so ist das ein Gedächtnisfehler,[5]) da der Verlauf des Ordensstreites die Angaben von Melanchthon und Cochläus bestätigt. Aus der Biographie jenes Beßler wissen wir, daß der Augustiner Johann von Mecheln von einer Sendung nach Rom Ende Februar 1512 zu Staupitz nach Salzburg zurückkehrt und von dort nach Köln geschickt wird, um ein Kapitel zur Beschlußfassung über neue Statutenveränderungen zu veranstalten.[6]) Das also war das Ergebnis der Sendung, und Johann von Mecheln wird der Bruder sein, als dessen

Begleiter Luther in Rom war und dessen Luther in den Tisch=
reden mehrfach gedenkt. Auch andere Daten unterstützen diese
Annahme. Das Wittenberger Dekanatsbuch giebt an, daß
Johann von Mecheln, früher Prior des Augustinerklosters
zu Enthuizen am Zuidersee, nachdem er am 16. September
1511 die theologische Doktorwürde zu Wittenberg erlangt
hatte, am 4. Oktober in den theologischen Senat auf=
genommen wurde. Von Wittenberg aus ist also die Reise
des Johann von Mecheln ausgegangen, womit es sich um
so leichter erklärt, daß ihm gerade Luther als Begleiter
beigegeben wurde. Wer aber unter diesen Umständen der
eigentliche Gesandte war, ist klar. Johann von Mecheln
war bereits Prior gewesen, Luther war einfacher Kloster=
bruder; Johann von Mecheln war Doktor, Luther nur
Baccalaur. Deshalb redet Besler auch nur von des Doktors
Wiedereintreffen in Salzburg, nicht von dem Luthers, der
für die Geschäfte nicht in Betracht kam. Daß der junge
Wittenberger Mönch dem Prior beigesellt ward, beruht
einfach auf der bekannten Bestimmung der Mönchsregeln,
daß kein Bruder allein reisen darf, eine Vorschrift, die auf
Mc. 6, 7 zurückgeht, wo der Herr die Jünger „zwei und
zwei" aussendet. Diese Ordnung wurde gerade im Au=
gustinerorden so streng gehalten, daß Luther am 9. Sep=
tember 1518 das lange Ausbleiben eines nötigen Gehilfen
bei Lange damit entschuldigt, es sei unmöglich gewesen,
früher einen socium itinerarium aufzutreiben. Auch er=
forderte die Regel, daß beide nicht nebeneinander in fröh=
lichem Gespräche wallten, sondern schweigend hintereinander

gingen, wie Dante den dreiundzwanzigsten Gesang des Inferno mit den Worten beginnt:

> Stillschweigend, einsam, unbegleitet schritten
> Wir nun einher, der eine hinterm andern,
> Wie ihres Wegs die mindern Brüder hingehn.

Bei dieser bescheidenen Rolle, die Luther in dieser Mission spielt, begreift sich dann auch, daß er von den Aufträgen seines Ordens niemals redet, und es erledigt sich damit zugleich die Verleumdung seines Gegners Cochläus, er sei nach Rom gegangen, um gegen Staupitz zu intriguieren. Da die Entscheidung des ganzen Prozesses gegen Staupitz ausfiel und die Wiederherstellung des alten Zustands anordnete, haben die Gegner nicht verfehlt, Luthers Biographie mit dem häßlichen Zuge zu bereichern, er habe sich in Rom von Staupitzens Gegnern als Werkzeug gebrauchen lassen. Schon das ungetrübte Einvernehmen, in dem Luther mit seinem geistlichen Vater und Wohlthäter auch nach der Rückkehr blieb, läßt diesen Vorwurf als Verleumdung erkennen. Ohne Zustimmung seines Vikars konnte Luther die Reise gar nicht unternehmen, und wenn er auch in Sachen der Observanz strenger gedacht haben mag als der ältere Freund, der allgemeinere politische Ziele verfolgte, so konnte es diesem doch nur genehm sein, einen ihm völlig ergebenen Schüler an der Gesandtschaft beteiligt zu sehen. Aber auch Johann von Mecheln kann kein erbitterter Gegner Staupitzens gewesen sein, da die Wittenberger theologische Fakultät, deren Dekan Staupitz war, ihn noch vor seiner Abreise zum Doktor kreierte. Es scheint vielmehr, daß

Staupitz selbst die Unburchführbarkeit seiner Unionspläne erkannt hatte und die Sendung nach Rom nur deshalb nötig geworden war, um die Entscheidung des Legaten von S. Croce wieder rückgängig zu machen. Aber selbst, wenn die Mission eine Spitze gegen den Ordensvikar gehabt hätte, so hätte doch der junge und in Geschäften noch unerfahrene Luther bei dieser Reise schwerlich eine andere Stellung gehabt als die, dem Doktor Johannes von Mecheln, weiland Prior von Enkhuizen, zum Begleiter zu dienen. Der junge Mönch war in gleicher Angelegenheit schon einmal nach Halle zu dem Administrator des Erzbistums Magdeburg entsendet worden,[7]) um so näher lag es, auch jetzt an ihn zu denken, und statt Intriguen gegen Staupitz zu wittern, möchten wir auch hier lieber Staupitzens Fürsorge für Luther erkennen,[8]) der dem schwermütigen jungen Freunde das Glück einer Romfahrt wohl gönnen mochte.

Man hat sogar von einem alten Gelübde Luthers geredet, zu den Schwellen der Apostel zu wallfahrten, zu dessen Erfüllung Staupitz seinem Günstling bei dieser Gelegenheit verholfen habe. Luther selbst redet nur von dem langgehegten Wunsche, in Rom eine Generalbeichte ablegen zu dürfen, von einem Gelübde, das ihn zu einer Wallfahrt verpflichtet hätte und auch eine andere Form des Reisens bedingt hätte, spricht er nirgends. So machte er sich denn „mit zehn Goldgulden zum Bestechen" nach der heiligen Stadt auf den Weg.

1.

Die Abreise wird noch in den Oktober gefallen sein. Nach Beslers Reisebericht brauchte man von München vier, also von Wittenberg nahezu sechs Wochen bis Rom. Vier Wochen brachte Luther in der heiligen Stadt zu;⁹) so konnte Johann von Mecheln, wie Besler erzählt, in den Fasten wieder bei Staupitz in Salzburg eintreffen. Von dem Wege, den die Pilger einschlugen, wissen wir nur, er führte durch die Schweiz, die Luther nur damals durchwandert haben kann, und er kam auf Mailand heraus, das er „auf dem Reinzuge" berührt hat.¹⁰) So manche Lokalsage weiß von dem Zuge des nachmals berühmten Mönches durch Süddeutschland zu berichten, bald freundlich, bald gehässig, wie die Konfession der Landschaft es mit sich bringt.¹¹) Schwerlich hat damals jemand auf die wandernden Bettelmönche groß geachtet, die von Kloster zu

Kloster zogen und darum wohl auch nicht immer den nächsten Weg nahmen. Luther selbst redet von Bayern, Schwaben und der Schweiz, wie von Ländern, die er aus eigener Reiseerfahrung kennt.

Die Landschaft in Bayern findet er steril, aber die Städte wohl gebaut und gut befestigt.[12] Was die Bevölkerung betrifft, so sagt er einmal wie aus der Erinnerung redend: „Wenn ich viel reisen sollte, wollte ich nirgend lieber, denn durch Schwaben und Baierland ziehen, denn sie sind freundlich und gutwillig, herbergen gerne, gehen Fremden und Wandersleuten entgegen und thun den Leuten gütlich und gute Ausrichtung umb ihr Geld."[13] Das freundliche, treuherzige Wesen that ihm wohl, und er stellt es selbst in Gegensatz zu Sachsen, „da man weder gute Worte noch zu essen gibt; sagen: Live Gast, ick weit nit, wat ich ju te eten geuen sol, dat Wif ist nit daheimen, ick kann ju nit beherbergen." Hessen und Meißner thäten es etlichermaßen den Schwaben und Bayern nach, „sie nehmen aber ihr Geld wohl drum".[14] Bei dieser guten Aufnahme ist doch wohl einzurechnen, daß in Bayern und Schwaben den Wanderern ihre schwarze Kutte eine Empfehlung war; später wäre Luther in Bayern schwerlich mehr so freundlich aufgenommen worden, wie denn in der Sendlinger Gasse zu München, wo er doch schwerlich gewesen ist, die Lokaltradition ein Haus zeigt, in dem Luther bei dem Koch „zur Hölle" einkehrte und seinen Durst löschte, die Bratwurst aber blieb er schuldig.[15]

Ein feines Ohr hatte der spätere Schöpfer der deut=

schen Schriftsprache für die Dialekte, deren Eigentümlichkeiten er anmerkt.[16]) Die Anschaulichkeit der alemannischen Ausdrucksweise rühmt er einmal im Kolleg, vor allem die homerische Deutlichkeit des schwäbischen „schneeweiß, kohlschwarz, feuerroth, eiskalt, steinhart", die seine Phantasie sofort anregten.[17]) Auch sonst ahmt er die süddeutsche Ausdrucksweise mit Humor nach, in Liebe und Zorn.

Diese Freude an Land und Leuten begleitet Luther denn auch in der S c h w e i z. Die Wege rühmt er;[18]) sie seien sicher und angenehm, da sie die kürzesten Meilen haben. Man sieht die Schweizer Matten voll ungezählten Viehs gleichsam vor sich, wenn er in einer seiner Streitschriften sagt, Gott kümmere sich um die Gräber der Heiligen nicht mehr als um die Kühe in der Schweiz. Von Gletschern und Alpenglühen ist freilich nirgends die Rede. Der Reisende des sechzehnten Jahrhunderts nimmt auch die Landschaft von ihrer praktischen Seite. „Schweiz ist ein dürr und bergig Land, darum sind sie emsig und hortig, müssen ihre Nahrung anderswo suchen."[19]) „Es sind starke Leute, aber weil sie zwischen den Alpen leben, haben sie keinen Ackerbau, sondern nur Wiesen, dan es ist nicht mer dan bergt und thal."[20]) Auch das Reislaufen entschuldigt er damit,[21]) daß das Land die Bewohner nicht nähre. Doch hat ihm die Schweiz sichtlich gefallen. Auch des roten Veltliners gedenkt er mit Anerkennung.[22]) Er rühmt dessen gute Wirkungen für die Verdauung und berichtet seine ruhmvolle Geschichte, die bis in die Römerzeit zurückreicht. „Legitur Augustum Caesarem vinum Rheticum libenter bibisse, feltliner, quod in Alpibus crescit amicum stomacho, do hat er alle malzeit anderthalb nössel ausgetrunken."

So lenken die Erinnerungen schon dem Süden zu. Mit dem Südabhange der Alpen beginnen die Ölbäume, die mit ihren saftigen Früchten mächtig und reich aus dem härtesten Steinboden hervorsprossen, weshalb Luther auf den Ölbaum das Schriftwort anwendet: Et de petra saturavit eos melle.[23]) Auch das entging ihm nicht, wie von diesen knorrigen Stämmen jeder eine Individualität ist; auf zweihundert Jahre taxiert er ihr Alter. Ihr Öl ist Symbol der kirchlichen Milde, wie der Wein Symbol des Evangeliums ist.[24]) Die Weinlese war bereits vorüber, aber die Trauben Welschlands stehen ihm dennoch in guter Erinnerung: „Es sind große Weinbeeren da, da müssen auch große Pfirsichen sein, daß diese in unsern Landen wie die Schlehen dagegen sind."[25]) Vom Citronenbaum sagt er einmal, daß er das ganze Jahr Früchte trage, so daß schon wieder grüne Ballen vorbereitet sind, wenn die gelben fallen, und vom Holze des Citronenbaumes hat man ihm erzählt, es sei ein Gegengift gegen den Biß der Viper. So ist der Baum ihm ein Gleichnis Christi selbst, der, wenn seine Kämpfer sterben, schon neue bereithält, wie er auch das wahre Antipharmakon ist gegen den Stich der alten Schlange.[26]) Der Gleichklang von Citrus und Christus hat wohl zu diesem spielenden Vergleiche den Anstoß gegeben. Die Äußerungen sind aus späteren Jahren, die Eindrücke aber stammen von damals, und so stellen wir uns den bleichen jungen Mönch gern vor, wie er zwischen silbergrauen Ölbaumwäldchen und an glänzenden Limonenspalieren hinschreitend, gleich dem römischen Hermas überall similitudines des Gottesreichs sieht; hatte er doch selbst auf der Jagd in den Wäldern der Wartburg zwischen Hunden und Netzen theologische Gedanken. Aus der Region der Kastanien, Nußbäume und Ölbäume führte der Weg der Romfahrer hinab in die lachende grüne Ebene des Po, „ein sehr fruchtbar, gut und lustig Land; sonderlich Lombardia ist ein Thal, zwanzig deutscher Meilen Wegs breit, mitten dadurch fleußt der Eridanus (Po), gar ein sehr lustig Wasser, so breit als von Wittenberg gen Brate ist." Einen Fürsten unter den Strömen der Erde nennt er ihn.[27]) „Auf beiden Seiten sind die Alpes und Apenninusgebirge."[28]) Die musterhafte Bebauung der lombardischen Ebene hat in ihrer Mannigfaltigkeit auch ihm imponiert. Dort ist Opulenz, während wir Deutsche „zählen, wie viel Scheffel Gerste und wie viel Fässer Bier wir haben".[29]) Luthers Reiseroute wird auch hier schwerlich überall die kürzeste gewesen sein, da sie von Kloster zu Kloster ging. Von der Landessprache mochte er sich das Nötigste zuvor angeeignet haben, oder er lernte es unterwegs. Noch später liebt er es, in seine Tischreden hier und da etliche italienische Wendungen, „wie die Itali sagen",[30]) einzuflechten. Mit dem Sprachtalente der Flämminge konnte er sich freilich nicht messen, von denen man sagte, auch wenn man sie in einem Sacke durch Italien trüge, lernten sie die Sprache.[31]) Ihm ging es wie so manchem deutschen Reisenden, er fand, „sie haben ihre rechte Muttersprache in Italien nicht gelernt".³²) Sie verstanden sein Italienisch nicht, und über ihr Latein in den Klöstern ist er vollends entrüstet. Die Mönche plapperten ihre Gebete unverstanden herunter und sagten: „Verstehts doch der heilige Geist und der Teufel fleugt."³³) So kam Luther später mit seinem Philippo überein, „daß die Meßpfaffen in Italia und Gallia ungelehrte Esel wären".³⁴) „Wenn man sie fragt: Wie viel Sacramente gibt es, so antworten sie: Drei, den Sprengwedel, das Rauchfaß und das Kreuz."³⁵) Es war eben eine andersartige Bildung, die die Italiener im Anschauen ihrer historischen Denkmale und der aufstrebenden Kunst der Renaissance sich aneigneten, als die deutsche Universität und Klosterschule sie ihm mitgeteilt hatten; werden doch seine Urteile über ihre Kultur den welschen Gastfreunden zuweilen auch befremdlich genug gewesen sein.

Über den Weg, den die Wanderer nahmen, geben Luthers Schriften nur ungenügenden Aufschluß. Von den Städten Oberitaliens nennen die Tischreden Mailand, Cremona und Padua.

Daß er in Mailand „auf dem Reinzuge" war, sagt Luther ausdrücklich.³⁶) Er nennt die Stadt den Schlüssel Italiens und außerordentlich wohlhabend, eine Braut, die ihrem Herrn jährlich 100 000 Gulden Mitgift zubringe,³⁷) aber auch „die Habermetz", um die man sich rauft.³⁸) Luther erzählt, er und sein Begleiter hätten in Mailand Messe halten wollen, vielleicht im Dankgefühle für die glückliche Ankunft im welschen Lande. Aber die lombardischen Kleriker, an die sie sich wendeten, schlugen ihre Bitte ab, indem sie sagten: „Was wollt Ihr, Wir sind Ambrosianer. Ihr könnt hier nicht celebriren."[39]) Dem deutschen Mönche, der an strenge Einheit der Kultusformen gewöhnt war, machte das tiefen Eindruck. Zu seiner Überraschung erfuhr er, daß die Weise, die sie gelehrt waren, in Mailand nicht gelte, „sonderlich, daß es den kleinen canonem nicht hat, und aller Dinge ein eigen Weise hält in der Messe".[40]) So ging es ihm in der ganzen mailändischen Kirchenprovinz, „so daß ich, da ich da durchzog, an keinem Ort kunnte Messe halten". Daß er darüber in lebhafte Verhandlungen mit den Gastfreunden geriet, beweist die Rechtfertigung der Ambrosianer, die er berichtet. Zum Erweise ihres Rechtes beriefen sich die Lombarden auf ein Gotteszeichen, das sich bei ihnen zugetragen. Man habe, um den Streit über die Liturgie zu schlichten, vor Zeiten Gregors Meßbuch und das des heiligen Ambrosius auf den Lespult gelegt; am anderen Morgen aber fand sich das Meßbuch Gregors in Fetzen durch die Kirche zerstreut, während der Kanon des heiligen Ambrosius intakt auf dem Altar lag. Doch gaben auch die Lombarden diesem Wunder die milde Deutung, Gregors Messe solle durch die ganze Welt ausgebreitet werden, des Ambrosius Messe solle zu Mailand auf dem Altar bleiben.[41]) „Also halten 's die von Mailand anders denn die römische Kirche."

Die zweite Stadt, die er nennt, lag an seinem Wege. Folgte er dem Po, dem Könige der Flüsse, dem er ein so lebendiges Andenken bewahrt hat, so kam er nach Cremona, das noch zum Herzogtum Mailand gehörte. Er erwähnt die Stadt der berühmten Geigen einmal wegen ihrer überwiegend jüdischen Bevölkerung.[42]) Nur achtundzwanzig Christen soll es dort geben; aber gerade diese Übertreibung macht zweifelhaft, ob er dort gewesen ist, es wäre denn, daß die Zahl auf Mißverständnis oder Verderbnis der Niederschrift beruhte, was bei den Tischreden nicht selten der Fall ist. Verhältnismäßig eingehend sind seine Mitteilungen über Padua. Es ist ihm nicht unbekannt, daß hier das Gebiet der Republik Venedig beginnt. Ihren Tribut schätzt er auf 150 000 Dukaten. „Das vermochten beide Fürsten von Sachsen nicht."[43]) Auch die Erinnerung an die Bilder des heiligen Antonius an den Straßenecken passen am besten nach Padua, dessen Schutzpatron dieser Heilige war.[44]) Aber die Route von Mailand nach Rom führte nicht über Padua. Nur wenn er auf der Rückreise über Innsbruck nach Salzburg reiste, kann er die Stadt berührt haben. Mit irgend welcher Sicherheit läßt sich unter diesen Umständen der Weg, den Luther genommen hat, nicht bestimmen. Er selbst schweigt darüber.

Um so lebendiger aber sind seine Schilderungen von Land und Leuten. Daß es auf Wegen und in Herbergen nicht immer geheuer ist in Italien, läßt er in seinen Anekdoten einfließen.[45]) Auf den Straßen ist ihm, wie Goethe, die an Kerkyra erinnernde Freiheit ärgerlich. „Italico more sicut canes",[46]) berichtet er mit Kopfschütteln. In den Herbergen entging ihm nicht, daß viel weniger zinnernes Geräte in Gebrauch war als in Deutschland, und er lobt das als weise Sparsamkeit.⁴⁷) Die Weine schmecken feuriger als die deutschen, was die Italiener damit erklären, die deutschen Weine bekämen beim Transport leicht die Wassersucht.¹⁸) Darum thut aber auch Mäßigkeit beim welschen Weine doppelt not. Spotteten doch die Welschen, es sei wunderbar, daß sich die Deutschen noch nicht die Kehle abgetrunken hätten, Doktor Martinus aber erwiderte, das komme daher, daß wir beim Zutrinken sagen: „Das gesegnet dir Gott."¹⁹) Doch lobt auch er die Nüchternheit der Welschen, die sie vorteilhaft von den Deutschen unterscheide.⁵⁰)

Auf der Wanderung in der lombardischen Ebene imponierte ihm der Reichtum so mancher alten Abtei, und er erzählt von einem Kloster des h. Benedict am Po, dessen Einkünfte man auf 36 000 Dukaten berechnete, wovon es ein Drittel „auf die Gastung" verwendete, wie denn auch sie daselbst „ehrlich tractirt und gehalten wurden".⁵¹) Daß man es dabei mit dem Fasten nicht zu genau nahm, beweist er mit mehr als einer Anekdote. So wurde ein Pilger vom Wirt gefragt, „ob er auf den Abend wolle über dem Tisch sitzen, da man eine rechte Mahlzeit hielte oder des Fasttags halber nur eine Collation vorziehe" Erschöpft von der Wanderung entschied der Gast sich für eine richtige Mahlzeit. Aber da die rechten Mahlzeiten nur für die Fremden waren, erhielt er zähes Lammfleisch, Brathering und geringes Gemüse, daneben aber saßen die fastenden geistlichen Herren bei ihrer Kollation, bei der ein schmackhafter Fisch nach dem anderen folgte, dazu Rosinen, Feigen, Konfekt und eingemachte Früchte.⁵²) Luther aber meint, daß sich die welschen und deutschen Klöster in diesem Stücke nichts vorzuwerfen hätten, denn auch in deutschen Klöstern bestehe die Fastenkollation aus „zwo Kannen gut Bier, ein Kännlein Wein, Pfefferkuchen, oder Salz und Brot, daß man wohl trinken könne; da gingen die armen Bruder wie die feurigen Engel, also waren sie verblichen".⁵³)

Wortreichtum und großes Gerede fiel dem deutschen Mönche an den Welschen unliebsam auf, und ihre Ehrlichkeit kann er nicht loben.⁵⁴) „Die Welschen können viel Dinges machen und zurichten, als sei es wahr, und ist doch nicht; haben listige und verschmitzte Köpfe." Die blasphemischen Reden, die bei ihnen im Schwang gehen, tadelt er bitter,⁵⁵) und auch ihr Lärmen ist ihm lästig, wenn sie über einen gefallenen Apfel ein Geschrei ausstoßen, das für einen Totschlag genügte. Dazu rächen sie sich blutig für die geringste Beleidigung, und selbst in der Kirche ist der Feind vor dem Feinde nicht sicher. Bei dem Karneval vollends geht es selten ohne Unglück ab.⁵⁶) Daß sie mit Spott auf die deutsche Einfalt herabschauten, konnte der Wittenberger Mönch vollends nicht leiden, und mehrmals schilt er, daß in Italien un buon Christian so viel bedeute wie unser: „Ach, ein guter Narr."⁵⁷) Doch hört er auch, die allemanni bassi oder Itali germani, die verwelschten Deutschen, seien den Italienern an Schlauheit weit überlegen. Man sage sogar: Uno Tedesco italiano e diabolo incarnato.[58]) Es sind das wohl Nachklänge italienischer Reiseunterhaltungen, die hier noch gelegentlich zum Vorschein kommen. Den Heiligendienst fanden die Mönche in Welschland noch entwickelter als in der Heimat,[59]) namentlich die Verehrung des heiligen Antonius von Padua fiel ihnen auf und der Nutzen, den die Hausbesitzer aus ihr zogen, indem sie sein Bild mit einem feurigen Spieß in den Ecken anbrachten, um dieselben gegen Verunreinigung zu schützen.[60]) Weiterhin ist der heilige Sebastian hoch gefeiert, dessen Pfeile Luther in Rom zu S. Sebastian mit Augen schauen konnte. Das trauliche Straßenleben, wie es in den deutschen Städten üblich war, vermißte er dagegen. „Italiener halten nicht über menschlicher Gesellschaft und Gemeinschaft; keiner traut dem Andern; kommen nicht frei zusammen wie wir Deutschen, gestatten auch nicht, daß jemand öffentlich rede mit ihren Weibern oder sie anspreche."[61]) „Lassen ihre Weiber nicht ausgehen unverhüllt, noch mit aufgedeckten Angesichten."[62]) Dem Schleier der Lombardin weiß er nur diese eine Deutung zu geben, und für die Anmut, mit der sie ihn trägt, hat der Mönch kein Auge. Dagegen hält er eine feurige Lobrede auf die italienischen Kleiderkünstler, von denen jede Zunft ihr besonderes Kleidungsstück zum Spezialfach hat, daher der ganz andere Eindruck, den die Welschen in ihrem Auftreten machen. In Deutschland aber, „da gießen sie die Hosen gar über einen Leisten". „Die Augen thun ihm weh", wenn er neben dem schmucken Welschen seine Landsleute sieht, „da einer dahergeht, hat

Hosen wie ein rauche Taube" und einen kurzen Rock, daß
es heißt: In curta tunica saltat Saxo quasi pica.⁶³)
Die Gottesdienste findet er verhältnismäßig schlecht besucht
in Italien.⁶⁴) Die Kirchen sind leer, und selbst an den
Festtagen bleiben die Leute zu Hause. Auch der deutsche
Respekt vor dem Gotteshause fehlt. Ist es doch keine
Seltenheit, daß Feindschaften an heiliger Stätte mit dem
Messer ausgetragen werden."⁶⁵) Die Unandächtigkeit der
italienischen Kirchenbesucher und die traurige Art der
italienischen Beerdigungen wird dem Germanen stets an=
stößig sein. Luther macht davon keine Ausnahme. Bei
dem Hinaustragen, sagt er, fehlt die Beteiligung der Ver=
wandten; auch sonst ist niemand dabei. Es ist nicht ein=
mal gestattet."⁶⁶)

Im Laufe ihrer Reise sollten die Pilger sich denn
auch von der Gefährlichkeit des fremden Klimas überzeugen.
„Mir und meinem Bruder," erzählt Luther selbst,⁶⁷) „wider=
fuhr das, da wir gen Rom zogen in Italien, und einmal
die ganze Nacht mit offnen Fenstern sehr hart schliefen bis
um sechs; da wir erwachten, waren uns die Köpfe voller
Dunst, ganz schwer und ungeschickt, also, daß wir desselben
ganzen Tages nur eine Meile konnten gehen: so plagte
uns der Durst und ekelte uns für dem Wein, daß wir
ihn auch nicht riechen konnten, begehrten immerzu Wasser
zu trinken, welches doch töbtlich ist. Endlich labten wir
und erquickten wir uns wieder mit zweien Granatäpfeln,
dadurch erhielt uns Gott das Leben." Er erzählt das im
November,"⁸) vielleicht weil damals gerade das Ereignis

sich jährte. Um diese Zeit ungefähr werden sie in Bologna am Fuße des Appenin angekommen sein. Als ihm 1535 der Legat Vergerius Bologna als Ort des Konzils vorschlug, brach Luther in die Worte aus: „Allmächtiger Gott, hat der Papst auch diese Stadt an sich gerissen?".⁶⁹) Er erinnerte sich also nicht mehr, daß er auf seiner Reise mit Bologna bereits den Kirchenstaat betreten hatte. Der Irrtum erklärt sich daher, daß, als Luther durch Bologna kam, die Stadt in der That nicht in der Gewalt Julius' II. war. Im Mai 1511 hatte Bentivoglio sich der Stadt bemächtigt und aus dem ehernen Standbild Julius' II., das Michelangelo über dem Portal des Domes aufgerichtet hatte, ließ der alte Kriegsmann eine Kanone gießen, „die dem Papste was vorblasen sollte". Dann hatte am 1. November sich unter Frankreichs Schutz ein Konzil zu Pisa gegen Julius II. versammelt, dessen Seele derselbe Kardinal von S. Croce war, der Staupitzens Reformen im Augustinerorden so eifrig geförfert hatte. Der Krieg dauerte fort, und die Romagna starrte von Waffen.⁷⁰) So war es für Luther eine Überraschung, vierundzwanzig Jahre später zu erfahren, daß der Papst auch Bologna wieder an sich gerissen habe. In dieser Stadt des Papstes kann es gewesen sein, was er später erzählt, „in Italien" habe ihm ein Mönch im Kloster den ganzen Anzug des Papstes vorgezeigt, nur die dreifache Krone fehlte, und der Konfrater, der ihm die Herrlichkeiten vorwies, brach in ein Gelächter aus, als Luther eine einfache bischöfliche Inful für die päpstliche Tiara hielt. Darum erklärt Luther auch in seiner Schrift an den Adel: „Es wäre dem Papste genug eine gemeine Bischofskrone. Mit Kunst und Heiligkeit sollte er größer sein vor andern und die Krone der Hoffart dem Widerchrist überlassen."[71] Soll doch nachher Clemens VII. den Kaiser zu B o l o g n a „mit Steinen und Schmuck weit haben verstochen".[72] Wenn spätere Biographen Luthers erwähnte Erkrankung an der Malaria nach Bologna verlegen, so fehlt dafür jeder Nachweis.[73] Man könnte eher an F l o r e n z denken, wo er die Einrichtung des glänzenden Spitals rühmt. Zwischen beiden Städten aber liegt der Apennin. Über die Paßhöhe, die um diese Zeit meist schon der Schnee deckt, führt die alte Straße nach dem Arnothal hinab, aus dessen grünen Gründen dem Wanderer von weitem schon Pistoja mit seinen roten Ziegeldächern gleich einer Rose entgegenglänzt. Den gelben Arno entlang führt die Straße nach der ruhmvollen Hauptstadt Toscanas, deren hell leuchtender Dom mit Brunelleschis farbiger Marmorkuppel dem Wanderer durch viele Stunden als Wegweiser dient. Die Stadt der Medicäer war damals schon angefüllt mit Werken Ghibertis, Donatellos, Lionardos, Michelangelos. In Luthers Erinnerung leben nur die kirchlichen Anstalten. Er rühmt die Einrichtungen im Spital, die glänzenden Räume, die gute Küche, die aufmerksame Bedienung, die geschickten Ärzte, die reinen Betten. Sobald ein Kranker eintrifft, wird über seine Kleider und das, was er sonst abliefert, von einem Notar ein Protokoll aufgenommen, und alles geht in gute Verwahrung. „Dann zeucht man ihm einen weißen Kittel an, leget ihn in ein schön gemachet Bette, in reine Tucher." Arznei, Speise und Trank werden in reinen Gläsern gereicht, „ruren die nicht mit einem Fingerlin an", sondern reichen alles auf dem Brette. Vornehme, verschleierte Damen aber überwachen den Krankendienst, bis andere sie ablösen. Vielleicht ist es noch eine Nachwirkung der Thätigkeit Savonarolas, die Luther hier verspürt, denn der Mönch von S. Marco war es vor allem gewesen, der seine Piagnoni zu solchen Diensten der Menschenliebe herangezogen hatte. So lobt Luther auch die Einrichtungen der Findelhäuser und sah mit Wohlgefallen die Reihen der so geretteten Kinder „alle in eine Kleidung und Farbe geschmückt" durch die Straßen der Arnostadt ziehen, ein Bild, das uns noch heute ebenso begegnet.[74]) Im Widerspruch mit diesem Lobe der Stadt Florenz sagte er später von ihren Bewohnern, es gingen drei italienische Spitzbuben auf einen Florentiner;[75]) aber damit meint er Schüler Macchiavellis, wie Leo X. und Clemens VII.; seiner Hochachtung vor den edlen Florentinerinnen des Hospitals und den trefflichen Anstalten der Stadt that das keinen Eintrag.

Demnächst taucht in seinen Erinnerungen die freundliche Bergstadt Siena mit ihrer feingebildeten Bürgerschaft und ihrer reichen Geschichte auf. Er gedenkt eines Gespräches, das er „zu Senis in Welschland" über die Hohenstaufenzeit hörte. Die Sienesen rühmten Kaiser Friedrichs kluge Politik. „Sie hätten gern gesehen", sagt er, „wenn der Hohenstaufe mit dem Kopf hindurch gefahren wäre, damit sie Gelegenheit gehabt hätten, ihren Schaden zu rächen." So rühmten sie auch Friedrichs weise Sprüche, zumal den klugen, den gescheiten Italienern besonders einleuchtenden Grundsatz: „Wer nicht versteht vieles zu übersehen, der versteht auch nicht zu herrschen." [78]) Mit Siena waren die beiden Augustiner Rom schon nahegekommen und die Via Flaminia führte sie rasch zu dem ersehnten Ziel.

II.

Am Abhange des Monte Mario, ehe der Weg sich zum ponte molle hinabsenkt, ist zum erstenmale Roms ganze Herrlichkeit vor dem von Norden kommenden Wanderer ausgebreitet. Hier, erzählt Luther selbst, warf sich der junge Augustinerbruder, überwältigt von seiner Empfindung, auf die Kniee, erhob die Hände gegen den Hochaltar seiner jugendlichen Träume und rief: „Sei mir gegrüßt, du heiliges Rom! Dreimal heilig von der Märtyrer Blut, das da vergossen ist."[77]) „Ich dachte damals nicht", sagt er in den Tischreden, „daß ich der Eremit sein sollte, von dem geweissagt war, er solle wider das Papstthum aufstehn."[78]) Über die uralten Bogen der milvischen Brücke überschritten die deutschen Pilger den Tiber, und die großen Erinnerungen des ponte molle, dieser berühmtesten Brücke

Italiens, waren Luther nicht unbekannt. Er gedenkt dessen an seinem Orte, daß „Maxentius ist zu Rom in der Tyber ersuffen".[79]) In Raffaels Geist lebte in jenen Tagen bereits das gewaltige Bild dieses Vorgangs, als der Augustiner die von Messer Santi gemalte Brücke betrat, der dem Kunstleben Roms die schwerste Wunde beibrachte, indem er ihm den materiellen Boden durch den Ablaßstreit entzog und den geistigen durch die Bestreitung der Legende erschütterte. Aber noch verschwand der Mann des Jahrhunderts unter der Schar frommer Pilger aus Deutschland, England und Skandinavien, die täglich auf gleicher Straße durch den altersgrauen Thorbogen der porta Flaminia in Rom ihren Einzug hielten. Die beiden deutschen Augustiner waren, sobald sie die Schwelle überschritten, bereits am Ziel. Zur linken Hand, an die Stadtmauer anstoßend, bei der piazza del popolo, lag das Kloster der Augustinereremiten, das sie suchten. Zwar standen Augustinerklöster auch bei S. Agostino und bei S. Susanna, in der Nähe des Palastes, in dem König Herodes abstieg, wenn er nach Rom kam, wie uns ein Wegweiser für die Pilger belehrt. Aber der Konvent an der porta del popolo war ausdrücklich gestiftet worden, einmal, um als Musteranstalt der Augustinereremiten zu dienen, dann aber auch als Herberge für alle Brüder, die bei der Kurie Geschäfte hatten.[80]) Auch der mit einer ähnlichen Mission Staupitzens betraute Besler war im Jahre 1505 hier abgestiegen.[81]) Die Tradition, daß Luther im Augustinerkonvent bei der Kirche Maria del popolo gewohnt und in S. Maria del popolo seine erste Messe gehalten habe, wird also richtig sein, zumal es seltsam wäre, wenn die an der porta del popolo ankommenden Wanderer am Konvente vorbeigegangen wären, um eines der Klöster im Innern der Stadt aufzusuchen. Den Platz unterhalb der heutigen Pinciopromenade nahm damals die Vigne der Augustiner ein, und stieg der deutsche Mönch hinauf unter die Pinien seiner Gastfreunde, so hatte er Rom unter sich und konnte die sieben Hauptkirchen, das Ziel seiner Wallfahrt, mit den Augen suchen.

Wir besitzen einen alten Wegweiser für die Stadt Rom, der auf Grund der mittelalterlichen Mirabilia Romae zu Nutzen der Pilger die Kirchen Roms ausführlich beschreibt. In deutscher Übersetzung wurde dieses Reisebuch schon unter Sixtus IV. gedruckt und bis zu Luthers Reise in verschiedenen neuen Auflagen wieder aufgelegt. Dieses oder ein verwandtes Buch hat auch Luther benutzt, da seine Äußerungen in den „Tischreden" auffallend mit dieser Beschreibung der römischen Heiltümer übereinstimmen.[82]) Von dem Augustinerkonvente und der mit demselben verbundenen Kirche Maria del popolo sagt dieses Büchlein: „Zu unser lieben frawen de populo da sint auch Augustiner und halten observantz. Da ist auch ein pild von unser lieben frawen das hat sanct Lucas gemalet. Da die kirch ist, da hat gestanden ein grosser nußbaum daruff so wonten die teuffel: wer da fur ginge oder ritte, den lesterten sie und wist nieman, wer das tat. Sant Pascalio dem pabst ward geofnet, er solt den noßbaum abhawen und ein kirchen an die stat pawen, unser lieben frawen zu ere. Der pabst

machet ein groß proceß mit geiſtlichem und weltlichen folck
und gingen zu Rom vor die port, genannt Flaminea zu
dem nußbaum und tet der pabſt den erſten ſtreich an den
baum und ratet denſelben baum ganz us der erden: da
ſant man under dem baum ein ſark, darin ſo lag der lib
des boſen Nerons, der ſant Peter und ſant Paul het
laſſen marteren und toten und auch vil ander criſten. Auch
tet derſelb Nero Rom an 12 orten anzunden mit feur,
das er mocht ſehen, wie groß das feur wurde: da wolten
in die Römer darumb gefangen haben, da ſtach er ſich
ſelbs zu tod und da begraben. Darnach ließ der vor=
genannt pabſt Paſcalis den lib des boſen Nerons mit
des nosbaum zu pulver gantz verbrennen nnd verbannet
alle die tufel, die uff dem nosbaum geſeſſen woren und
puet da eyn kirch und nant ſie Maria de poplo darumb,
daß ſo vil folck da was und gab darzu zwei buſent jar
ablas und zweihundert und dreizehn karein. Die kirche
und das kloſter hat Sixtus IV pabſt vom grunde uff
neuwe gepauet und begabet und darzu groſſe gnade und
ablas geben. wer darin komet uff all unſer lieben frau
wentag: und an ybem beſunder und alle ſamstag in der
faſten, der hat do jeben tag in beſunder ſolle gnab und
ablas aller ſunde. Da iſt alwege von mitfaſten bis
achten tag nach Oſtern Statio."

Das war die Tradition und der Gnadenſchatz des
Kloſters, in dem die Obſervanten Unterkunft zu ſuchen
hatten und in dem die beiden deutſchen Mönche nun vier
Wochen zubrachten."[81])

Die Geschäfte mußten in erster Reihe Sache des
älteren Begleiters sein, und Doktor Johann von Mecheln, der
gewesene Prior von Enkhuizen, hatte dieselben zunächst mit
Ägidius von Viterbo, dem Ordensgeneral der Augustiner=
eremiten, zu besprechen. Luther rühmt ihn wegen seines
Freimutes. Er soll in einer Predigt mit bitterer Satire
die Engelsburg als den Fels und Eckstein des päpstlichen
Glaubens und Vertrauens bezeichnet haben. In Rom,
unter den Augen des Papstes gehörte eine ungewöhnliche
persönliche Tapferkeit zu solchem Auftreten, wie das Kloster
bei S. Maria del popolo selbst zu erzählen wußte, in dem
einst Besler angstvolle Wochen verlebte und in dem, wie
man erzählte, zwei Augustiner wegen tadelnder Reden von
päpstlichen Banditen einst sollen getötet und greulich ver=
stümmelt worden sein.[84]) Der mannhafte Julius II. hatte
aber Ägidius seine Opposition nicht nachgetragen, sondern
ihm im Gegenteil den Kardinalshut verliehen. Der General,
wie schon jene Predigt beweist, war ein Freund der Reform
und stand mit Staupitz in bestem Einvernehmen. Da man
auch im Konvent Observanz hielt, befanden sich die beiden
Boten der deutschen Observanten unter Freunden, und Be=
drohungen, wie sie die letzten Gesandten Staupitzens er=
fahren hatten, blieben ihnen erspart. Auch die Behandlung
bei der Kurie rühmt Luther. Die prompte Erledigung der
Geschäfte bei dem Konsistorium und der Rota erscheint ihm
später sogar als das einzige, was er in Rom zu loben
wüßte.[85]) Hatten die beiden deutschen Mönche von ihren
Auftraggebern die Weisung, die Selbständigkeit der Obser=

so auch Luther. Die päpstlichen Gewänder wurden ihm gewiesen, von der Papstkrone aber sagte ihm ein Mönch, sie sei so kostbar, „daß ganz Deutschland sammt allen seinen Fürsten sie nicht bezahlen könne!"⁹⁸) Die bitteren Glossen, die Luther im Jahre 1520 über die dreifache Krone und des Papstes unerhörte Pracht machte, die aller Könige Hof mit Prangen und Kosten übertreffe, sind die einzige Erinnerung, in der er dieser Musterung der prachtvollen päpstlichen Ornate gedenkt."⁹⁹)

Die Hauptsache freilich, die Leiber der Apostel, die in der Papstgruft ruhen sollten, blieb S. Peter ihm schuldig. Das Pilgerbuch versichert, die heiligen Reliquien seien zwischen der Peterskirche und der Paulskirche so geteilt worden, daß jede einen Teil beider Leiber erhielt, aber niemand wies sie vor. In der östlichen Vorhalle, gleich bei dem Eingang, waren freilich die beiden Häupter von Petrus und Paulus in Stein gehauen, und Luther citiert das lateinische Epigramm, das „zu des bapsts ruhm und triumpff" dort zu lesen war.¹⁰⁰) Die wirklichen Häupter dagegen zeigte man zu S. Giovanni und S. Paolo. Rechtfertigte die Scholastik dieses mehrfache Vorkommen derselben Reliquie mit der wunderbaren multiplicatio rei sacrae, so erklärt das Pilgerbuch rationeller, wenn nur eine Partikel einer Reliquie echt sei, so rede man mit Recht von einem ganzen Haupte oder einem ganzen Leibe, sowie man sage, ich sehe eine Stadt, auch wenn man nur eine Turmspitze vor Augen habe; man dürfe darum dieselbe Reliquie in verschiedenen Kirchen getrost als echt verehren. Eine Überraschung muß für Luther dieser Thatbestand doch gewesen sein. Später wenigstens sagte er: „Man weiß zu Rom selbst nicht, wo S. Peters und Pauls Körper begraben liegen, und weiset an ihrem Tage falsche Körper."[101]) „Doch stellen sie", heißt es in einer Predigt Luthers,[102]) „zwei Häupter auf an S. Petri und Pauli Tag, geben für und lassen den gemeinen Mann gläuben, es seien der Aposteln natürliche Häupter: da läuft der andächtige Pöbel zu mit Hansen von Jenä. Aber Papst, Cardinal und ihr Gesindtlein wissen sehr wohl, daß es zwei hülzen, geschnitzt und gemalet Häupter sind." Seinem damaligen Glauben, auf einem heiligen Boden zu stehen, der bis tief hinab das Blut von hunderttausend Märtyrern getrunken habe, trug indessen ein solcher Ausfall im einzelnen noch nicht viel aus.

Kehrte Luther aus dem Trastevere zur alten Stadt zurück, so kam er in einer Straße, die die päpstlichen Prozessionen vermieden, an einer Bildertafel vorüber, auf die jener Fremdenführer seine Leser ausdrücklich aufmerksam machte.[103]) Auch Luther erzählt von ihr: „Zu Rom hab ich gesehen in einer großen Gassen, so stracks nach S. Peters Münster gehet,[104]) offentlich in einen Stein gehauen einen Papst, wie ein Weib mit einem Scepter, päpstischen Mantel, trägt ein Kind am Arme; durch dieselbe Gasse zeucht kein Papst, daß er solch Bilde nicht sehen darf."[105]) Gemeint ist das berühmte, vom Volk auf die Päpstin Johanna gedeutete Relief, in dem die neuere Forschung einen alten Mithrasstein erkannt hat. Der oberste Mithraspriester mit der Mitra und dem dienenden Knaben, der zwischen seinen faltigen Gewändern zum Vorschein kam, wird in der Inschrift mit dem für ihn üblichen Titel als „Vater der Väter" bezeichnet. Nach denjenigen Buchstaben, die allen überlieferten Lesungen des seitdem vernichteten Steines gemeinsam sind, wird die Inschrift gelautet haben:

PA. PATER PATRUM. P. P. P.

Das heißt: Papirius, oberster Mithraspriester, hat diesen Stein für sein eigenes Geld gesetzt, propria pecunia posuit. Die Lateinschüler aber deuteten sich die Gestalt in den weibischen Gewändern als weiblichen Papst und den dienenden Knaben als ihr eben geborenes Kind, und so lasen sie:

Papa Pater Patrum peperit papissa papellum,

oder auch

Parce Pater Patrum papissae prodere partum.

Die Deutung beweist, daß die Fabel von einem Weibe, das Papst geworden sei, schon zuvor verbreitet war, sonst wäre niemand auf diese Lesung der Inschrift gekommen, wie denn die Erzählung in der That auf alte byzantinische Volkssagen zurückgeht. Luther aber schüttelte das Haupt und sagte noch dreißig Jahre später: „Es nimmt mich Wunder, daß die Päpste solch Bild können leiden."[106]) Der strenge Sixtus V. ließ den Stein denn auch wirklich zerschlagen, womit er freilich die Widerlegung der Sage nur erschwert hat.

An dem gleichen Wege, wenigstens nicht allzu weit
abseits, liegt eine Kirche, die auch als Bauwerk Luther
einen großen Eindruck hinterlassen hat, S. Maria della
rotonda, das antike Pantheon. Bricht der Augustiner=
mönch auch nicht nach Weise moderner Touristen in Ent=
zücken aus über die Rotunde, der auf Erben kein Tempel=
inneres gleichkommt, so hat er doch den Grund der über=
irdischen Wirkung der Kuppel in dem magischen Oberlichte
wohl erkannt. „Da ich, D. Martin Luther, zu Rom war,
hab ich diese Kirche gesehen: die hatte kein Fenster, sondern
nur oben hatte sie ein rundes Loch, davon sie Licht hatte,
eingewelbt, ist hoch, sie hatte so dicke marmelsteinerne
Säulen oder Pfeiler, die unsrer Zween schwerlich umgreifen
könnten. Oben am Gewölbe waren alle Götter der Heiden
gemalt, Jupiter, Neptunus, Mars, Venus und wie sie
mehr geheißen haben. Diese Götter allzumal waren mit=
einander eins, auf daß sie nur die ganze Welt bethöreten
und betrügen möchten; aber da Jesus Christus kommt, den
wollen sie nicht leiden; noch hat er sie ausgestäupert."[107])
Für die Schönheit des Tempels hat also auch er, wie wir
sehen, eine lebendige Empfindung, aber wenn in einem
Erasmus, Crotus Rubeanus und ähnlichen humanistischen
Wanderern, bei solchen erhabenen Denkmälern alter Zeit,
die Sehnsucht aufstieg nach der Herrlichkeit der heidnischen
Antike, triumphiert in ihm vielmehr der Mönch darüber,
daß sein Christus alle Götter aus diesem schönen Raume
hinauswarf. „Denn der ist der rechte Mann und hat sie
auch alle über einen Haufen gestoßen." Auch das freilich

ist nur die Reflexion seines Pilgerbuchs, das vom Pantheon sagt: „Die kirch, die man nennet sant Maria rotunda, das was ein tempel der aptgoter, nu ist die kirche geweiht in den eren unser lieben frowen und aller heiligen." So sind es wahrscheinlich auch die Mirabilia Romae, denen er die Kunde verdankt, daß Kaiser Phokas es war, der dem Papst Bonifacius III. das Pantheon überließ, „damit zu machen seines Gefallens".[108]) Ziemlich häufig ist Luther in Predigten, Schriften und Tischreden auf das Pantheon zurückgekommen, ein Beweis, welchen Eindruck die ewig herrliche Rotunde ihm gemacht hat; aber während sie in unserer Erinnerung lebt als die glänzendste Verklärung der irdischen Massen, als ein Schatten gleichsam jener platonischen Idealwelt, in der die reinen Formen wohnen, ist das Pantheon für Luther nur der Ort, wo Christus alle heidnischen Dämonen beisammenfand, so daß er sie mit einer Klappe treffen konnte. „Für Christus Zukunft", sagt er in seiner Schrift über die drei Symbola von 1538,[109]) „war die Welt so voll mancher Abgötterei, als kein Hund voll Flöhe ist umb Sanct Johannis Tage, daß es krimmelt und wimmelt von Abgöttern allenthalben; noch treibt da kein Teufel den andern aus, trat kein Abgott dem andern auf den Kopf, biß auch keiner den andern in die Fersen, kunnten sich wohl nebenander leiden und vertragen. Also, daß auch die Römer aus aller Welt alle Abgötter sammelten, und eine Kirche baueten, die sie nenneten P a n t h e o n, aller Götter Kirchen. Denn die weltweisen Herrn wollten alle Götter in ihrer Stadt haben." Eine Kultusstätte für alle Teufel, die nach Christus dem Gedächtnis aller Märtyrer und Heiligen geweiht wurde, ein glänzendes Denkmal des Sieges des Christentums bleibt ihm das Pantheon, das übrige kümmert ihn nicht.

Nicht weit von seiner Herberge im Augustinerkloster, in der Nähe des heutigen Corso, lag gleichfalls eine Kirche, deren Luther gedenkt, S. Silvestro in capite, so genannt nach dem Haupte Johannes des Täufers, das sie bewahrte. Der Pilgerführer empfiehlt dieses Heiltum jedem Wallbruder zur Verehrung, Luther aber entrüstete sich später über den Betrug, der hier getrieben werde. Er nämlich fand nachmals in der Chronik des Theodoret angezeigt, daß durch die Heiden der Leib des Täufers verbrannt wurde, aber den Papst halte das nicht ab, das Haupt des Täufers, das die Heiden zu Asche verbrannt haben, nach wie vor vorzuzeigen.[110] In den Krieg der römischen Konvente untereinander führt eine Inschrift des gleichen Klosters uns ein, die noch heute dort zu lesen steht. Dieselbe besagt nämlich: „Da die Antonius- (Antonin-) Säule (auf der benachbarten Piazza Colonna) und die Opfergaben der Pilger in der dabei liegenden Andreaskirche von Rechtswegen S. Sylvester gehören, so verfluchen wir durch Autorität des Apostelfürsten Petrus und der heiligen Stephanus, Dionys und Sylvester, und binden mit der Binde der Exkommunikation den Abt und die Mönche, sofern sie die Säule und die Kirche in Pacht oder in Benefiz zu geben sich unterstehen sollten." Man hatte also auch der Siegessäule des edlen kaiserlichen Philosophen eine religiöse Bedeutung gegeben

und zeigte sie um Geld, die Klöster aber stritten sich um
den Ertrag der Eintrittsgelder.

So viel erfahren wir von den frommen Gängen
Luthers in dem Bezirke, der seinem Konvente zunächst lag.
Das Hauptinteresse des deutschen Mönches konzentrierte sich
aber um den am entgegengesetzten Ende der Stadt ge=
legenen Lateran, der mit all seinen mittelalterlichen Er=
innerungen jede andere Kirche übertraf. Auch der Pilger=
führer zählt als erste der sieben Hauptkirchen nicht S. Peter
auf, sondern S. Giovanni in Laterano. „Die erst
haubt kirch zu Rom ist zu sant Johann lateran: und ist
die oberst haubt kirche in der gantzen Welt und was ein
pallast des keisers Constantin." Hatte Konstantin dem
Papste als Dank für seine Reinigung vom Aussatz das
Gebäude überlassen, so verlieh der Papst nun seinerseits
der Basilika die Gnade, daß jeder, der sie andächtig be=
suchen werde, los und ledig sein solle von dem Aussatz
seiner Sünde, samt ihrer Schuld und Pein. Die Engel
aber sagten Amen zu dieser Verheißung, so daß das ganze
römische Volk es hörte. Zur Bestätigung für spätere Ge=
schlechter aber „brachten die engel das angesicht durch die
gulden Pforten, das noch oben am gewelbe stet, das es
jederman noch mag gesehen; wie wol die kirche zwir ver=
brant ist: so hat is dem angesicht nicht geschadet." Die
goldene Pforte der Kirche wird nur im Gnadenjahr auf=
gethan, und wer hindurchgeht, ist ledig von seinen Sünden.
Doch ist auch in gewöhnlichen Jahren der Gnadenschatz
noch groß genug, denn bei der erneuten Einweihung der

Kirche nach dem Brande gab ihr der heilige Gregor so viel Ablaß, „als es bri tag und nacht tropfen regent". An Reliquien ist die Kirche reicher als jede andere. Hier werden nicht nur die Häupter von Petrus und Paulus wirklich vorgewiesen, sondern auch der Zebedäide Johannes hat sich hier zur Ruhe gelegt. „Da er sterben solt umb= gab ein lichter wolcken das grab und dar nach, so der licht wolck vergangen was, da fant man hymel brot im grabe an fines heiligen lichnams stat." So war eine Fülle von Erinnerungsstücken an das Erdenwallen und die Leidenstage des Erlösers, an die Madonna und die Apostel von den frommen Geschlechtern des Mittelalters nach dieser Hauptkirche der Christenheit zusammengetragen worden,[111]) und sinnige Sagen umrankten jedes einzelne Stück. Papst Bonifacius sagte darum von der Kirche des heiligen Jo= hannes bei dem Lateran, daß ihr Ablaß unzählig sei und von niemanden gezählt werden könne, denn von Gott allein, und nach dem Pilgerführer brach derselbe Papst in die Worte aus: „Selig ist die muter, die das kint gepar, das gen Rom kumpt zu der kirchen und **besunder am samstag** durch das gantz jar so ist statio zu sanct Johan lateran." Diese Worte des Pilgerführers hat Luther offenbar im Sinn, wenn er sagt: „Es ist zu Rom ein Spruch: ‚Selig ist die Mutter, deren Sohn am Sonn= abend zu S. Johann eine Messe hält.' Wie gern hätte ich da meine Mutter selig gemacht! Aber es war zu drange, und konnte nicht zukommen, und aß einen rustigen Hering dafür."[112]) Da das Pilgerbuch selbst den Samstag als den festgesetzten Tag bezeichnet, an dem jene wirksamsten Messen gelesen werden konnten, mochte es für den jungen deutschen Mönch in der That unmöglich sein, eine solche für sich zu erringen, es war eben „zu brange und konnte nicht zukommen". Aber so leicht hat er sich damals schwerlich darüber getröstet. Sagt er doch selbst: „Es war mir dazumol schier leid, daß mein Vater und Mutter noch lebeten; denn ich hätte sie gern aus dem Fegfeuer erlöset mit meinen Messen, und ander mehr trefflichen Werken und Gebeten."[113]) Bei festem Glauben an die Wirksamkeit der heiligen Stätte und des Meßopfers war ein solcher Gedanke keineswegs ausgeschlossen, auch wenn die Form, in der er ihn berichtet, humoristische Übertreibung sein wird. Dem Lateranpalast gegenüber liegt ein „loblich capel", genannt Sancta sanctorum. Ein frommer Römer sah einst im Gesichte, wie in diesem Kirchlein die Engel Gabriel und Michael selbst den Altar für eine Messe herrichteten. Dann kam Petrus im päpstlichen Ornate und las Messe, während der Diakon Laurentius und der heilige Vincentius ihm ministrierten. Jesus aber und die Madonna samt den Aposteln und Märtyrern bildeten die fromme Gemeinde und hielten in Andacht aus bis zu Ende. Zuletzt blieb Johannes, der Patron der Kirche, allein noch zurück, weckte den Römer und sagte ihm, zum Wahrzeichen, daß das Ganze nicht bloß ein Traum gewesen sei, lasse er ihm die Gefäße und den Ornat zurück, in dem Petrus Messe gelesen habe. Als nun aber über den Besitz dieser Gefäße Streit ausbrach, ließ der Papst die Kapelle mit einem starken

Gitter versehen, dessen Schlüssel er in den Tiber warf, da niemand würdig sei, in der Kapelle zu amten, in der eine solche Messe aller Heiligen war gehalten worden. Durch das Gitter mag man hineinsehen und, wer dort betet, hat vollen Ablaß. Das also ist der Grund, warum diese Kapelle den Namen Sancta sanctorum trägt. Hinauf aber zu diesem Heiligtum gelangt man auf der scala santa, bestehend aus den 28 Stufen, die einst zum Prätorium des Pilatus führten und die der Heiland bei seinem letzten Gange hinauf= und herabgegangen war. „Wer die stege in andacht uff abber abe geet, der hat als offt er das thut von yber staffel neun iar ablas." Auf der Staffel aber, auf der Christus zusammenbrach und die mit einem Kreuze bezeichnet ist, ist der Ablaß zweifältig. Wer aber die Stege herauf und hinab auf den Knieen rutscht, erlöst damit eine Seele, für die er bittet, vom Fegefeuer. Daß ein Wallfahrer wie Luther die preces graduales in scala Lateranensi nicht versäumen wollte, ist begreiflich. Von seinem Sohne Paul aber existiert ein Autograph,[114]) nach welchem sein Vater erzählt haben soll, als er jene Gebete habe verrichten wollen, sei ihm der Spruch des Habakuk eingefallen: „Der Gerechte wird seines Glaubens leben", worauf er das Gebet unterlassen habe. Spätere lassen ihn die preces graduales verrichten, wobei ihm aber jenes Wort wie Donner im Ohr erklingt. Unschwer erkennt sich auch hier die Tendenz, den Standpunkt des Reformators in die Tage seines Mönchsglaubens zurückzuverlegen. War es ihm schier leid, daß Vater und

Mutter noch lebten, weil er sie gern aus dem Fegfeuer erlöst hätte, wie er selbst berichtet,[115]) so hatte er auch an der Wirksamkeit dieses frommen Werkes keinerlei Zweifel.

Ermüdet von der Wanderung im Lateran, von der Luther sich mit „einem rustigen Hering" stärkte, zieht sich wohl auch heute der Romfahrer nach der benachbarten Vorhalle von S. Croce in Gerusalemme zurück, derjenigen der sieben Pfarrkirchen, die Konstantin auf Bitten seiner Mutter Helena, der Kreuzfinderin, erbaute, und von deren Portal man einen wunderbaren Blick auf die blauen Albanerberge genießt.[116]) Die Kirche hieß wohl auch schlechtweg Gerusalemme. Eine Erzählung wenigstens, die das voraussetzt und die der Küster noch heute den Fremden vorträgt, berichtet auch Luther. Sylvester II., der Faust der Italiener, war ein einfacher Klosterbruder, Gerbert von Rheims. Er verschrieb seine Seele dem Teufel, falls er ihn zum Papste mache, doch unter der Bedingung, der Böse dürfe seine Seele nur abholen, wenn Sylvester eine Messe zu Jerusalem halten werde. Als er nun aber vergißt, daß die Kirche des heiligen Kreuzes auch schlechtweg „Jerusalem" heißt und dort auf Verlangen eines Freundes amtiert, „da kamen die Teufel geflogen".[117]) Auffällig ist auch hier die Übereinstimmung von Luthers Erzählung mit der des Pilgerbuchs, denn beide berichten, daß die Teufel in Vogelgestalt den Papst stückweise wegtrugen, nur das Herz ließen sie liegen, was beide Erzähler als „ein gut zeichen der gnaden" betrachten, denn, sagt Luther, „er hatte mit solchem Tode gebüßt und genug gethan".

Wendete Luther vom Lateran sich westlich, so kam er an den Thermen des Caracalla vorüber zur porta Appia, von wo ihn die via Appia nach derjenigen der römischen Hauptkirchen führte, deren Heiligtümer ihm unstreitig den tiefsten Eindruck hinterließen. Zu S. Sebastiano und Stephano zeigte man die Säule, an die der heilige Sebastianus gefesselt war, und die Pfeile, mit denen die Heiden nach ihm geschossen haben, gleichwie die Steine, mit denen der heilige Stephanus gesteinigt wurde;[118]) aber nicht darauf beruhte ihr Ruhm, sondern auf dem dabei liegenden „sant Calixten kirchhoff. Das ist ein grufft under dem ertrich und get wyt und fer under der erten." Daß alle hier beigesetzten Christen Märtyrer seien, glaubt Luther selbst dann noch, als er von seinem Laufen durch die Kirchen und Klüfte nur noch mit heiterer Ironie spricht und die meisten Erzählungen des Pilgerbuchs als „ungeschwungen Lügen" verspottet.[119]) In seinem „Unterricht auf etliche Artikel" vom Jahre 1519 zählt er genau wie das Pilgerbuch 46 Märtyrerpäpste, die hier bestattet sein sollen. „Da ist vergebung aller sunde, wer in anbacht bar dorch get", sagt der Führer. Trotz der neuen Aufdeckungen von 1578 hat sich die Scenerie, die auf Luther einen so unauslöschlichen Eindruck machte, schwerlich groß geändert, seit der junge Augustinermönch die Katakomben durchwanderte. Durch einen schmalen, in Tuffstein gehauenen Gang steigt der Pilger auf steinerner Treppe hinab in die Unterwelt. In die gelbe Töpfererde zur Rechten und Linken sind längliche Nischen ausgehöhlt, eben groß genug, um, wie Luther sich ausdrückt, einen Leib „einzuschränken". Einzelne Gerippe, Öllampen, Fläschchen, angeblich mit Märtyrerblut, liegen noch, gegen Raub wohlverwahrt, in den Nischen, und in künstlich hergestellter Unordnung sehen wir zerbrochene Grabdeckel, Inschriftsteine und menschliche Gebeine in den Ecken. Das rote Licht der Fackel gleitet hier über eine Grabschrift: in pace, dort über einen Steinsarg, oder es kommen schwache Reste von Bildern an der Decke zum Vorschein. Der Hauptraum, die unterirdische Kapelle der Lucina, mit dem in Tuffstein gearbeiteten Bischofssitze wird vorgewiesen, und in dem flackernden gelben Lichte der brennenden Späne sieht man das Bild des Heilands, der mit großen starren Augen und aufgehobenen Händen gespenstisch und überirdisch auf uns herabblickt. Nicht anders als auf die Tausende, die seit den Tagen des Hieronymus hier hindurchgegangen, hat der Ort der religiösen Schrecken auf Luthers empfängliche Seele gewirkt. Mit Andacht hat er die engen Gänge im Tuffgestein durchschritten und in die Loculi mit den menschlichen Gebeinen geschaut. „Sie liegen unter der Erde schrenkicht",[120]) berichtet er. „Einhundertundsechsundsiebzigtausend Märtyrer", sagt er in den Tischreden, „und darunter fünfundvierzig Märtyrerpäpste" sind allein in den endlosen Korridoren und Galerieen von S. Calixt geborgen. In einer anderen Stelle redet er doch nur von 76 000 Märtyrern und 40 Päpsten, die auf dem coemeterium S. Calixti, eine halbe Meile von Rom begraben sind,[121]) und in einer dritten taxiert er den Inhalt nur noch auf mehr als 8000 Märtyrer.[122]) Aber

je sicherer der Eindruck war, den diese erhabene Toten=
stadt auf die Gemüter machte und je größer der Zudrang
der Andächtigen, um so fester war sie eingegliedert in das
System der römischen Geldmacherei. So fand Luther die
Art der Verwaltung des berühmtesten und ältesten Kirch=
hofs der Christenheit höchst unwürdig. Den ganzen Dienst
versahen zwei Minoriten, die die reichen Einnahmen an
den Papst abliefern mußten und mit sechs Dukaten im
Jahr abgefunden wurden. Die reichen Pfründen der
Pfarrkirche aber waren in commendam vergabt. Da
Luther selbst da war, ist nicht wahrscheinlich, daß er
diese Angaben später von anderen erhielt, sondern es ist
wohl, wie man das auch heute noch sehen kann, bei
dem Eingang zu der Totenstadt an der via Appia zu
einem Austausch der Erlebnisse zwischen den braunen und
schwarzen Kapuzen gekommen, und die Welschen klagten
dem deutschen Konfrater das Leid ihrer bedrängten Lage.
In seinem Manifest gegen das Papsttum von 1520 wirft
Luther der Kurie vor, seit sie die Einkünfte aller berühmten
Kirchen an sich ziehe, sei in Rom nirgend mehr ein aus=
reichendes Personal zur Besorgung des Gottesdienstes vorhan=
den, das nennten die Courtisanen aber nicht Gottesdienst ver=
stören, beileibe, das heißt Pfründen in commendam verleihen.
In Wirklichkeit ziehen die Courtisanen die Einkünfte an
sich, um dann „irgend einen verlaufenen Mönch hinein=
zusetzen, der fünf oder sechs Gulden des Jahrs nimmt und
sitzt des Tags in den Kirchen, verkauft den Pilgern Zeichen
und Bildlin, daß weder Singen noch Lesen mehr da ge=

schießt. . . . also mehren sie zu Rom Gottesdienst und verhalten die Klöster". [123]) Noch in der Schrift: „Vom Papsttum zu Rom vom Teufel gestiftet" hat Luther S. Sebastian nicht vergessen unter den Pfründen, die die Kurialisten in dieser Weise ausgeplündert haben. [124])

Auch das im Nordosten an der via Nomentana gelegene Kloster S. Agnese, berühmt durch die Weihe der Lämmer, die der Papst dort jährlich vornimmt, aus deren Wolle die Nonnen sein weißes Gewand spinnen, hat Luther besucht. [125]) Mehrfach gedenkt er der jugendlichen Märtyrerin in seinen Predigten. Ausgedehnte Katakomben schlossen sich auch dort an das Frauenkloster. Namentlich aber konnte er sich hier so recht überzeugen, wie Rom auf Rom gebaut ist, denn das Niveau der Straße hat sich so erhöht, daß die Kirche tiefer liegt als die Straße und man zu ebener Erde auf die Empore eintritt. „Denn da itzt Häuser stehn", sagt Luther von einem anderen Platze, „sind zuvor Dächer geweft, so tief liegt der Schutt; wie man bei der Tiber wohl siehet, da sie zween Landknechtsspieß hoch Schut hat."[126]) Auch nach den Verhältnissen der Schwestern des Klosters hat er gefragt, freilich nur, um zu erfahren, daß das Kloster der heiligen Agnes, das zuvor 150 Nonnen enthielt, durch Verleihung an Courtisanen tief heruntergekommen sei. [127])

Gleichfalls außerhalb der Mauer, aber im Westen an der via Ostiensis, liegt die Kirche S. Paolo fuori le mura, der das Pilgerbuch nach S. Giovanni und S. Pietro die dritte Stelle anweist. Luther klagt, daß die Kurie alle ihre Einkünfte an sich gezogen habe.[128]) Die Wanderung dahin, an der Pyramide des Cestius und dem monte testaccio vorbei, den der Führer daher erklärt, daß jede unterworfene Nation einen Krug ihrer heimischen Erde hierher habe liefern müssen, war unter allen Kirchgängen der bedenklichste. Nur „mit der höchsten Gefahr"[129]) war er zuweilen ausführbar, denn zwischen der porta Ostiensis und der in einer Wüste liegenden Kirche hatten die Pilger Gelegenheit, von den Briganten ausgeplündert oder von den Piraten auf ihre nahen Tiberkähne in die Sklaverei geschleppt zu werden. Daß aber einen Verehrer des großen Apostels, wie Luther, die Gefahr nicht abhielt, auch dort seine Andacht zu verrichten, dürfen wir wohl voraussetzen. Hat er, wie aus seinen Erzählungen hervorgeht, die Cistercienserabtei delle tre fontane besucht, deren Legende er in den Tischreden berichtet, so führte ihn sein Weg sogar an S. Paolo vorüber. Eine kurze Strecke weiter zweigt sich nämlich von der via Ostiensis die via Ardeatina ab, an der die Cistercienserabtei delle tre fontane oder ad aquas Salvias in der Sumpfluft der Tiberniederung liegt. Der Führer sagt von ihr: „Zu den dry brunnen da wart sant Paulus enthauptet: das haubt that bry sprung von der erde und zu ybem sprung rufft das Haupt Jesus: und als offt ein sprung ein prun, die fleysent noch heut. By ibem brun ist dreihundert tag ablas".[130]) Luther erinnert sich dessen wohl und berichtet die Legende ganz in dieser Weise, aber er nennt sie von seinem späteren Standpunkt eine Erfindung des Satans.[131]) Auch bei dem Brunnen des heiligen Benno fällt sie ihm ein. „Wer will bewähren, daß Benno den heiligen Brunnen gemacht hat? Zu Rom ist solchs Dings viel".[132])

Dem Meere so nah wird der thüringische Bauernsohn, der das Meer nie gesehen hatte, nicht versäumt haben, die via Ostiensis bis zur Küste zu verfolgen. Schon von der Höhe der Düne wird das Meer sichtbar, samt der Aussicht auf Ostia, Fiumicino, Isola Sacra und das Ufer von Laurentum, ringsumher aber liegt unangebaute Wüste. Auch dem Augustiner mußte das Landschaftsbild heilig sein, angesichts dessen Monica, die Mutter Augustins, in den Armen ihres Sohnes ihre schöne Seele aushauchte. Seit Julius' II. großen Bauten war Ostia wieder ein beliebtes Seebad der Kardinäle, und Luther wünscht in der Schrift wider das Papsttum 1545 den hohen Herren, sie möchten dieses Wegs nach dem „Heilbad zu Ostia" geführt werden, aber den Felsen Petri am Halse samt den „Drecketen" und „Drecketalen", wie er die Dekrete und Dekretalbriefe nennt. „Nicht weiter denn drei Meilen Wegs von Rom" (5 Miglien) „möchte er sie geleiten, denn ungegürtet und ungeführt würden sie nicht gehn, dahin sie nicht wollten. Daselbs ist ein Wässerlin, das heißt Latinisch Mare Tyrrhenum, ein köstlich Heilbad wider alle Seuche, Schaden, Gebrechen päpstlicher Heiligkeit, aller Kardinäl und seines ganzen Stuels", und der alte Reformator freut sich, wie sie da „platschen und das Wasser ins Angesicht schlagen würden, daß ihm Maul und Nasen bluten". Da er im Winter in Rom war, hat er dieses Schauspiel selbst nicht genoſſen, aber er redet doch wie einer, dem Weg und Gelegenheit aus eigener Erfahrung bekannt ſind.

Wie an der Stätte, wo Paulus enthauptet wurde, hat er wohl auch an der gebetet, wo Petrus gekreuzigt ward, denn wenn er in S. Pancrazio war, das er erwähnt,[133]) ſo kam er auch an S. Pietro in montorio vorüber, das er nicht genannt hat. Der Legende ſelbſt von S. Peters Kreuzestode mit dem Haupte nach unten gedenkt er öfter, und von S. Pancrazio weiß er, daß auch ſeine Güter von der Kurie mit Beſchlag belegt wurden. Die ehrwürdige Abtei ſelbſt liegt auf der Höhe des Janiculus und gehörte damals den Hieronymiten. Der Führer preiſt die durch= ſichtigen Marmorſäulen ihrer Kirche, vor allem aber hat Luther, falls er hier oben auf dem Gipfel des Janiculus geſtanden hat, einen der ergreifendſten Rundblicke geſchaut, die auf Erden zu finden ſind.

Nur zwei von den ſieben Hauptkirchen nennt Luther nirgends, S. Maria maggiore und S. Lorenzo fuori le mura. Natürlich folgt daraus nicht, daß er ſie nicht ſo gut beſucht hat wie die anderen.

Es verſteht ſich nun von ſelbſt, daß bei einem eifrigen Prieſter, wie Luther, der Beſuch der ſieben Pfarrkirchen auch mit Meſſehalten verbunden war. Luther ſelbſt er= zählt,[134]) er habe etwa zehn Meſſen in Rom geleſen, „und war mir dazumal ſchier leid, daß mein Vater und Mutter noch lebeten, denn ich hätte ſie gern aus dem Fegfeuer erlöſet mit meinen Meſſen, und ander mehr trefflichen

Werken und Gebeten." Von den römischen Kollegen freilich wurde dieser Eifer belächelt. „Man spott nur simpliciter unser, daß wir so fromme Mönche waren, und hielten einen Christen nur für einen Narren. Ich weiß, daß ihr wohl 6 oder 7 Meß hielten, ehe ich eine, sie nehmen Geld darum, ich aber keines."[135]) So war er wenig erbaut von der Art, wie die römischen Priester die Messen zu einem Erwerbszweig gemacht hatten. Sobald einer am Altar sich aufstellt, „laufen die Leute zu mit großen Haufen, die Präsenz begehren, und wenn er eine halbe Stunde verzeucht, so bekömpt er eine ganze Hand voll Groschen". Oft reichen selbst die Altäre nicht hin, allen Bestellungen zu genügen, „so daß zween Pfaffen zugleich über eim Altar gegeneinander stehen und halten Messe; sind mächtig fertig mit ihrem Handwerk, haben eine Messe in einem Hui geschmiedet. Wenn dieselben abgehen, so treten andere zween über und halten Meß; es muß aber ein jeglicher sein eigen Meßgewand mitbringen."[136]) Darum darf es auch nicht lange dauern. „Fort, fort", riefen die Priester Luthern zu, „schicke unsrer Frauen ihren Sohn bald wieder heim." So ekelte es ihn sehr, „daß sie so sicher und fein rips raps konnten die Messe halten, als trieben sie ein Gaukelspiel. Denn ehe ich zum Evangelio kam, hatte mein Nebenpfaff seine Messe ausgericht, und schrienn zu mir: passa, passa, immer weg, komm davon."[137]) Die Schilderung mag übertrieben sein, aber der italienische Ausdruck spricht doch für eine wirkliche Erinnerung, und wo so viele fremde Priester und bigotte Pilger sich um die Messen rissen, konnten ähnliche unerbauliche Konflikte nicht ausbleiben.

Eine geringere Rolle als die Messe spielte in den italienischen Kirchen die Predigt. Concionatores rarissimi, sagt Luther selbst.[138] Was er von Predigten berichtet, erinnert an die Schnurren der heutigen römischen Fastenprediger. So spricht er von einem Mönche, der zu Rom gepredigt habe, zur Zeit der Märtyrer habe man in Rom conscientiam gehabt. Zur Zeit der Päpste habe man davon nur noch scientiam besessen, und jetzt habe man nur noch entiam übrig.[139] Daß er selbst die Predigt gehört habe, sagt er nicht, doch trägt der Scherz ganz den echten Stempel der Franziskanerpredigten, wie man sie sonst im Kolosseum zu hören bekam. In einer anderen Stelle der Tischreden heißt es, die beliebten Volksprediger in Italien liefen auf der Kanzel hin und her, beugten sich herab, schrieen und wechselten Stimme und Gebärden, als wären sie närrisch; auch diese Schilderung ruft wohl jedem Besucher römischer Kirchen ähnliche Scenen ins Gedächtnis.[140]

Von den großen päpstlichen Funktionen, deren erhabener Pomp auch damals die Pilger aller Nationen mit Bewunderung erfüllte und in Staunen versetzte, hat Luther die der Advents- und Weihnachtszeit und nicht minder die des scheidenden und beginnenden Jahres in Rom erlebt. Könnten wir beweisen, daß Luther den Papst celebrieren sah, so würde auch das seine Angabe widerlegen, daß er von 1510 auf 1511 in Rom gewesen sei, denn in jenem

Winter lag Julius II. teils im Felde, teils weilte er in Bologna; den Winter 1511 auf 1512 dagegen hat er ganz in Rom verlebt. Seit er sich im September von schwerer Erkrankung wunderbar erholte, hatte der Papst die Stadt nicht wieder verlassen. Am 5. Oktober verkündigte er, umgeben von den ihm treu gebliebenen Karbinälen, den Abschluß seiner neuen heiligen Liga in der Kirche Maria del popolo bei demselben Augustinerkloster, das wenige Wochen später Luther und sein Begleiter bezogen. Die Monate, die Luther in seiner Nähe verlebte, waren den Vorbereitungen zur Wiedereroberung Bolognas und Vertreibung der Franzosen gewidmet. Je bedenklicher es aber damals um die Autorität des zur Verantwortung vor die Väter nach Pisa geladenen Papstes stand, um so eifriger wird er seiner pontifikalen Pflichten in Rom gewartet haben. Ein Verzicht auf dieselben war in dieser Lage nicht wohl möglich. Diese päpstlichen Funktionen bei den Festtagen sind unendlich oft beschrieben worden: die schmetternden Posaunen und seltsamen altertümlichen Harmonieen, die bunten Prozessionen mit gestickten Fahnen und Standarten, das Kerzengefunkel, die Pracht der Karbinäle in ihren kostbaren brokatenen Gewändern, der Kranz der Erzbischöfe, Bischöfe und insulierten Äbte in silberweißen Mitren. Über all der rauschenden Herrlichkeit aber thront der Papst in seiner dreifachen Krone, und wenn er dann zum Schlusse der ganzen Feier auf seinem Tragstuhl, der sella gestatoria, überwallt von schimmernden Pfauenfächern, inmitten der Prozession, durch die Kirche getragen wurde

und er rechts und links einer unendlichen, knieenden Volks=
menge seinen Segen spendete, dann mußte auch dem Wider=
willigen klar werden, daß hier eine Macht sei, gegen die
alle Fürsten der Erde nicht aufkommen könnten. Daß
Luther die Gelegenheit versäumt haben soll, dieses einzig=
artige Schauspiel zu genießen und den heiligen Vater von
Angesicht zu schauen, ist höchst unwahrscheinlich. Mathesius
erzählt auch ausdrücklich, Luther habe den Papst und sein
ruchloses Hofgesinde in Rom mit Augen geschaut. Wenn
Luther das Auftreten und die Funktionen des Papstes
höchst anschaulich beschreibt, dabei aber doch nirgends aus=
drücklich sagt, daß er Julius II., den alten Löwen mit der
weißen Mähne, persönlich gesehen habe, so möchten wir
uns das so erklären, daß der schlichte Mönch, eingekeilt
zwischen Tausenden von Zuschauern, sich nicht rühmen konnte,
einen persönlichen Eindruck von dem stolzen Rovere ge=
habt zu haben, aber von dem Eindruck der kirchlichen
Handlungen redet er um so bestimmter. Seine Eindrücke
unterscheiden sich sogar merkwürdig wenig von denen, die
die modernen Beobachter der bis zum Jahre 1871 ge=
feierten großen Funktionen stets gehabt haben.[141]) Sie alle
störte die Wahrnehmung, daß dieser Gottesdienst gipfle in
der Huldigung an den Papst, daß nicht nur die Chöre:
Tu es Petrus, sondern die sämtlichen kirchlichen Hand=
lungen die Vergötterung des Papstes zur eigentlichen Spitze
haben. Wie ein Götterbild wurde der Pontifex umher=
getragen. Er handelt nicht bloß, er wird auch behandelt.
Man wechselt seine Paramente und kleidet ihn aus und

an, wie man den hölzernen Marienbildern oder der bronzenen Statue des Petrus an den Festtagen Feiergewänder anlegt und auszieht und wie in alter Zeit die Götterstatuen zu den Festen bekleidet zu werden pflegten. So wurde auch der Fußkuß nach Plutarch den römischen Priestern zu teil, die an der Thüre des Tempels als Hüter saßen und gewissermaßen die Schirmgewalt des Heiligtums repräsentierten. Ein Rest dieser Sitte ist der Pantoffelkuß, den der Papst, wie das Bronzebild seines ersten Vorgängers, sich gefallen läßt. Über alle diese Bräuche urteilt Luther wie der nächste beste Protestant von heute. „Unsere Schmeichler," sagt er,[142]) „haben's so hoch bracht, und uns einen Abgott aus dem Papst gemacht, daß niemand sich so furcht vor Gott, niemand ihn mit solchen Geberden ehret als den Papst... Derselben groß ärgerlichen Hoffart ist auch das ein häßlich Stuck, daß der Papst ihm nit lässit benugen, daß er reiten oder fahren muge: sondern, ob er wol stark und gesund ist, sich von Menschen als ein Abgott mit unerhorter Pracht tragen lässit... Also geht es auch, wenn er das Sacrament in der Procession umbträgt. Ihn muß man tragen, aber das Sacrament steht für ihm wie ein Kandel Weins auf dem Tisch." Vor allem aber wünscht er, „daß das Fußküssen des Papstes auch nit mehr geschehe. Es ist ein unchristlich, ja endchristlich Exempel, daß ein armer sündiger Mensch ihm lässit seine Fuß küssen von dem, der hundertmal besser ist, denn er." Christus habe demütig seinen Jüngern die Füße gewaschen. „Der Papst, als hoher denn

Christus, kehret das umb, und lässet es ein groß Gnade sein, ihm seine Füße zu küssen." Am meisten aber hat ihn die Weise der päpstlichen Kommunion erbittert; kennt er sie nicht aus eigener Anschauung, so doch jedenfalls aus treuer und richtiger Beschreibung. Ein ruhiger Beobachter, der im Jahre 1869 eine solche öffentliche päpstliche Kommunion aus nächster Nähe ansah, schildert dieselbe ganz wie Luther. „Der Papst kommuniziert als Celebrant natürlich selbst, aber er nimmt die Kommunion auf seinem Throne — — — Der Akt ist durch zwei eigentümliche Riten ausgezeichnet. Die Patene mit der konsekrierten Hostie ist, während man dieselbe dem Papste zuträgt, mit einem goldenen Stern oder einer goldenen Sonne bedeckt —, ein Symbol, welches aus einem alten Kultus stammen wird. Sodann trinkt der Papst den Wein nicht, wie man sonst zu trinken pflegt, sondern er saugt ihn durch ein goldenes Röhrchen aus dem Kelche. Sehr wunderlich und sehr störend. Man denkt nicht mehr an den Sinn der Handlung, sondern beobachtet die Aktion des saugenden Mundes".[143]) Ganz in dem gleichen Sinne sagt Luther: „Welch Christenherz mag oder soll das mit Lust sehen, daß der Papst, wenn er sich will lassen communicieren, stille sitzt als ein Gnadenjungherr und lässet ihm das Sacrament von einem knieenden Cardinal mit einem gülden Rohr reichen; gerad als wäre das heilig Sacrament nit würdig, daß ein Papst, ein armer stinkender Sünder, aufstünd, seinem Gott ein Ehr thät; so doch alle andere Christen, die viel heiliger sein, denn der allerhei=

ligste Vater der Papst, mit aller Ehrerbietung daffelb empfahen."[144])

Auch „das Gepräng", mit dem der Papst öffentliche Prozeffionen zu Pferd anführt, entgeht der Kritik Luthers nicht. „Der Papst triumphirt mit hübschen geschmückten Hengsten, die für ihm herziehen und er führet das Sacrament, ja das Brot, auf einem hübschen weißen Hengst."[145]) Bei Privatausflügen aber, „wenn er nur spazieren reit, hat er bei 3 oder 4000 Maulreiter um sich trotz allen Kaisern und Königen."[146]) Hat Luther das alles nur vom Hörensagen — und es ist ja immerhin auffallend, daß der sonst so Redselige nirgends ausdrücklich sagt, er habe den Papst gesehen — so sind doch seine Schilderungen außerordentlich anschaulich und auch durchaus wahrheitsgetreu und beruhen zum mindesten auf einer genauen, an Ort und Stelle erworbenen Kunde. Der ganze Ton der Erzählung spricht aber für eigene Augenzeugenschaft. Ist es doch nicht einmal glaublich, daß ein gläubiger Mönch wie er in vier Wochen die Gelegenheit nicht soll gesucht und gefunden haben, den Papst zu sehen; aber über den Anblick der Aktionen aus der Ferne und der weißen Pferde bei dem Straßenaufzug hinaus hat er nichts zu erzählen, und darum spricht er von Julius II. nicht anders als von jedem anderen Papste.

III.

Für die Kulturbebeutung des alten Rom hatte der deutsche Augustinermönch damals noch kein tieferes Verständnis. Aber während er seinen frommen Zwecken nachging, drängte sich seinem hellen Auge doch auch der Eindruck auf, daß das alte Rom eine gewaltige Sache gewesen sein müsse. „Rom, wie ich's gesehen habe", sprach Doktor Martinus, „ist groß, in das Gevierte umbfangen eine gute Meile Wegs, so weit als von Wittenberg auf den Poltersberg. Daraus ein Jeglicher abnehmen kann, was es für ein großer Platz in die Runde muß gewest sein."¹⁴⁷) Vier Wochen, sagt er, habe er das alte Rom durchstreift, mit der höchsten Gefahr,¹⁴⁸) denn gerade das Amphitheater und die Wasserleitung in der Cam=

pagna waren wegen der dort herrschenden Unsicherheit berüchtigt. Auf dem Capitolinus findet er nur noch ein Minoritenkloster, aber der benachbarte tarpeische Fels ist für sein Auge höher als Aventinus, Capitolinus und Quirinalis.[149] Das Forum war damals eine malerische Weide, auf der die silbergrauen Stiere der Campagna zwischen antiken Marmorsäulen und Tempelgiebeln grasten. Über sie gelangt man zu dem alten Bauwerke, das auf Luther sichtlich den größten Eindruck gemacht hat, zum Kolosseum. Damals war es ein gewaltiger Steinberg, an dem Sonntagsjäger gleich Benvenuto Cellini wilde Tauben schossen, wie sie an der obersten Schale Rand noch heute nisten, dazu eine Zuflucht für Räuber, Schatzgräber und Schwarzkünstler. „Die Leiche früherer Denkmäler" nennt Luther diesen Teil der Stadt. Cadaver priorum monumentorum.[150] Wie Parasiten erscheinen ihm die Wohnungen, die sich auf den erhabenen Trümmern der Vorzeit eingerichtet haben. Aber noch immer fand das Auge aus dieser Ruinenmasse das alte flavische Amphitheater heraus, in dem das römische Volk dem römischen Volke gegenüber gesessen hatte. Die charakteristischen Umrisse des Theaters haben sich Luther eingeprägt. Mauern und Fundamente ständen noch, erzählt er, nach Gestalt und Struktur eine gewaltige Rotunde, fünfzehn Reihen staffelweise übereinander, im Umkreis sich aufbauend, so daß es zweihunderttausend Menschen fasse.[151] Durch Massenhaftigkeit des Baues imponierten ihm in gleicher Weise die auf der Scheide des Viminalis und Quirinalis gelegenen Thermen des Diokletian, an denen unter Maximian die christlichen Strafgefangenen bauen mußten, wie die Juden an den Pyramiden der Ägypter. Zu Palladios Zeit, der ihre Grundrisse zeichnete, waren noch weit gewaltigere Backsteinmassen vorhanden als heute; auch war das Tepidarium im Jahre 1511 noch nicht wie dermalen zur Kirche (S. Maria degli Angeli) eingerichtet, was bekanntlich eine der letzten Thaten des alten Michelangelo gewesen ist. Mit den gewaltigen Thermen des Diokletian bringt dann Luther die Bogen des großen Aquädukts in Verbindung,[152]) dessen Bogenreihen das Auge weit über die Campagna verfolgt, wie sie in enggeschlossener Reihe der Stadt zudrängen, bald wieder Lücken zeigen, in denen ein einzelner Pfeiler die Stummeln seiner Bogenansätze gleichsam hilfesuchend, wie verstümmelte Arme, gegen den Himmel streckt. In diesen drei Bildern, des Theaters, der Thermen und der Wasserleitung, die für die römische Landschaft so charakteristisch sind, hat auch Luther in den Tischreden seine Erinnerung an Rom zusammengefaßt: „Des alten Roms Fußstapfen kann man kaum noch erkennen, da es gestanden ist. Das Theatrum siehet man und die Thermas Diocletianas, das warme Bad des Diocletian, welches geleitet ist in fünfundzwanzig deutsche Meilen, von Neapolis in ein schön und herrlich gebauet Haus. Ah, da sind der Welt Schätze und Reichthum gewest, darümb nahmen sie auch für und thaten, was sie gelüstet."[153]) Die mönchische Reflexion fehlt also auch hier nicht. Wie einst Augustin in seinem Buche vom Gottesstaat über die Zeit der Größe Roms moralisiert hatte, so sind auch Luther diese erhabenen Trümmer eine Predigt über Römer 1, 18 und bestätigen ihm, daß Gottes Zorn vom Himmel geoffenbaret ist über alles heidnische Wesen. „Ich hab mich oft verwundert, wie das römische Reich hat so hoch können steigen und zunehmen ohne Erkenntniß Gottes."[154]) Ihn beruhigen über diese paradoxe Thatsache heidnischen Glanzes die punischen Kriege. „Da standen die Ochsen am Berg", und noch tröstlicher sind ihm diese Trümmer der großen Babel; sie zeigen, daß es keine Lüge war, was man ihn lehrte, daß kein Reich auf die Dauer bestehen könne ohne Erkenntnis Gottes. Aber auch das germanische Blut regte sich in seinen Adern bei dem Anblick des Gottesgerichts, das seine Vorfahren hier geübt hatten. Ein gewisses Behagen an der wilden Kraft, mit der Goten, Longobarden und „Wenden" (Vandalen) in Rom gehaust haben, hört sich unschwer aus seinen Worten heraus,[155]) wenn er schildert, wie die große Babel „so gar zustoben were". Die Stadt, meint er, die einst auf sieben Hügeln lag, wurde von den Goten so verwüstet, daß kein Kaiser noch Papst sie wiederherstellen konnte. Sie liege nicht einmal mehr auf derselben Stelle. „Das lieget eine halbe Meile jetzt von Rom, das vorhin mitten inne gelegen ist." Das Kapitol selbst ist so geschleift, daß nur noch ein Gebäude übrigblieb, „das so mit großen Wacken und Steinen ist zusammen gegossen, daß man's nicht konnte umbreißen". Im Mittelalter wurben bie Klammern, bie bie großen Quabern verankerten, bei bem Mangel an Eisen herausgehauen, wie bas an ber porta nigra in Trier unb anberen römischen Denkmalen ebenso zu beobachten ist. Die Löcher, bie bavon in ben Quabern zurückblieben, beutet sich Luther aber als Denk= zeichen, bie bie Barbaren als Anbenken hinterlassen hätten. „Noch sollen bie Gothi in einen jeglichen Stein ein Loch gehauen haben ad significandam aeternam vastationem."¹⁵⁶) Gewiß haben solche Betrachtungen etwas Naives, aber welcher Deutsche wäre vor ben zerstörten Bollwerken ber Villa Habrians unb ähnlichen Spuren, bie unsere Vor= fahren in Welschland hinterließen, nicht mit einer ver= wandten Empfindung gestanben?

Eine Lücke in Luthers Äußerungen über Italien unb Rom liegt für uns in seinem Schweigen über bie gewal= tige Kunstentwickelung ber Stabt, bie gegen Ende von Julius' II. Regierung ihre Höhe erreicht hatte. Für bie Kunst war bamals eine neue Heilszeit angebrochen, aber zu bieser Seite bes Lebens hatte ber Mönch ein Verhältnis noch nicht gewonnen. Die Decke ber sixtinischen Kapelle war gegen Ende bes Jahres 1511 fertiggeworben, unb ganz Rom strömte hin, um ben vollenbeten Triumph ber Form unb ber Farbe zu schauen. Luther hat wohl kaum ben Namen bes großen Buonarroti gekannt, ober wenn er ihn hörte, hat er ihn wieber vergessen. In bem gleichen Jahre hat Raffael bie Stanza della Segnatura begonnen, beren Disputa mit ber Fülle ihrer Bilber ber Heiligen, Kirchenväter unb Kirchenlehrer für ben Augustinermönch besonders interessant gewesen wäre; er gedenkt ihrer nicht. Nur in einer Erzählung klingt vielleicht eine Erinnerung an die Fabel von Raffaels Messe von Bolsena nach. Raffael brachte in diesem Bilde zur bewegten Darstellung, wie ein ungläubiger Priester, der die Wandlung vornahm, ohne an sie zu glauben, überführt wird, indem vor seinen zweifelnden Augen aus der Hostie Blutstropfen hervortreten und ihm die Gegenwart des Leibes in der Hostie beweisen. In einer Zeit, in der der große Meister an der Darstellung dieser Legende arbeitete, mochte die Geschichte vom Pfaffen von Bolsena in Rom häufig herumerzählt werden, und so hat Luther zu berichten: „Ich bin zu Rom gewest (nicht lange), hab daselbst viel Messe gehalten, und auch sehen viel Messe halten, daß mir grauet, wenn ich daran denke; da höret ich unter andern guten, groben Grumpen, über Tische Courtisanen lachen und rühmen, wie etliche Messe hielten, und über dem Brot und Wein sprächen sie diese Wort: panis es, panis manebis, vinum es, vinum manebis; und also aufgehoben. Nu ich war ein junger und recht ernster, frommer Münch, dem solche Worte wehe thäten: was sollt ich doch denken? Was konnte mir anders einfallen, denn solche Gedanken: Redet man hie zu Rom frei offentlich uber Tisch also? Wie, wenn sie allzumal, beide, Papst, Cardinal, sampt den Courtisanen also Messe hielten?"[157]) Sollte sich in dieser Geschichte von der gottlosen Parodierung der Spendeformel durch römische Meßpriester vielleicht eine halb mißverstandene Kunde von dem Pfaffen von Bolsena bergen, von dem damals sicher viel die Rede war, und der auch innerlich dachte: panis es, panis manebis? Auf dem Bilde aber, in dem Raffael diese Kommunion darstellte, kniet Julius II., ernst und gefaßt, die mit Ringen geschmückten Hände andächtig zum Gebete gefaltet, „wie es ein Christenherz mit Luft sehen mag". Auch Luther hätte an dieser Papstkommunion nichts auszusetzen gehabt. Aber auf dieses Bild so wenig wie auf irgend eines der anderen, an denen die großen Meister in der Zeit arbeiteten, in der Luther in Rom war, findet sich in seinen Schriften auch nur die leiseste Beziehung. Und doch ist er nicht ganz achtlos an den Bildern Italiens vorübergegangen. Er rühmt einmal in den Tischreden, „wie geschickt und sinnreich die Maler in Welschland wären, denn sie könnten der Natur so meisterlich und eigentlich nachfolgen und nachahmen in Gemälden, daß sie nicht allein die rechte eigentliche Gestalt an allen Gliedern geben, sondern an den Geberden, als lebten und bewegten sie sich".[158]) Der gewaltige Abstand der deutschen Kunst von 1511 und der gleichzeitigen italienischen ist ihm also doch nicht entgangen, so kindlich auch die Art ist, wie er sich darüber ausdrückt. An den antiken Statuen dagegen und ihrer Nacktheit ist der Mönch geschlossenen Auges vorübergegangen. Des statuenberühmten Belvedere gedenkt er zwar in der Schrift an den deutschen Adel, aber nur als einer unverantwortlichen Verschleuderung der Gelder der Christenheit. „Ich schweige auch noch zur Zeit, wo solch Ablaßgeld hingekommen ist, ein andermal will ich danach fragen; denn Campofiore und Belvedere und etliche mehr Orte wissen wohl etwas davon." Danach zu urteilen war es wohl ganz in seinem Sinne, wenn später der Dominikaner Hadrian VI. dieses Belvedere abschließen wollte, weil ihm das nackte Heidentum anstößig war, das es enthielt.

Nicht ohne Gefahr, sagt Luther, habe er seine Wanderungen durch Rom unternommen; umfassen doch die Stationen, die er nennt, alle Plätze, die zwischen St. Peter im Nordwesten und S. Croce im Südosten der Stadt liegen. Aber er rühmt die Ordnung und strenge Polizei, die Julius II. im Gegensatz zu Alexander VI. in Rom handhabte. Mit Befriedigung sah er an den Häusern die Spuren, wie Julius sogar die steinernen Wappen der Borgia hatte herunterschlagen lassen, um auch die äußeren Erinnerungszeichen an den Pontifikat der Schande auszutilgen.[159]) Jetzt ging es anders zu als in den Tagen Alexanders VI., als die Pilger sogar auf den Gängen zu den Kirchen vor der Stadt ausgeplündert wurden. „Ein trefflich hart Regiment", sagt Luther, herrsche jetzt. „Denn der Bargell, der Hauptmann und Richter, reitet alle Nacht mit dreihundert Dienern in der Stadt umher, hält die Schaarwache stark. Wen er auf der Gasse erwischt, der muß herhalten; hat er eine Wehr bei sich, so wird er entweder gehängt oder ertränkt und in die Tiber geworfen, oder ein Strapechorde gegeben."[160]) Die kirchliche Welt pries Julius II. als den größten Papst, der seit S. Peters Zeit auf dem Stuhle Petri gesessen,[161]) und so viel wenigstens ist sicher, daß an persönlicher Tapferkeit der gewaltige

Novere alle seine Vorgänger und Nachfolger weit übertroffen hat. Diese persönlichen Eigenschaften erkannte Luther auch dann noch an, als er in dem ganzen Papsttum nur noch den Antichrist sah und er Julius' Kriegseifer streng verurteilte. „Er war die letzte Flamm in der Lampen, wenn sie jetzt bald verlöschen und ausgehen will",[102]) sagt Luther später. Je schlimmere Dinge er von dem Leben Alexanders VI. „zu Rom für gewiß gehört",[103]) um so höher mußte er den gegenwärtigen Herrscher schätzen, und auch bei seinen späteren Äußerungen über „den Blutsäufer" Julius II. hat man trotz des scheltenden Tones schließlich doch den Eindruck, daß er dem Völkerhirten, dem Michelangelo seinen Moses als Gleichnis aufs Grab stellte, eine gewisse innere Sympathie nicht versagen konnte. Auch mit der Erledigung der Geschäfte bei seiner Kanzlei war Luther zufrieden. „Nichts ist da zu loben denn das Consistorium und Curia Rotae, da die Händel und Gerichtssachen fein rechtmäßig gehört, erkannt, verrichtet und geörtert werden."[104]) Dennoch hat der Prozeß lang genug gedauert, um ihn zu lehren, wieviel Schaden es bringt, „daß zu Rom solch Sachen werden gehandelt, da große Kost aufgeht, dazu dieselben Richter nit wissen die Sitten, Recht und Gewohnheit des Lands, daß mehrmahl die Sachen zwingen und ziehen nach ihren Rechten und Opinionen, damit den Parteien muß Unrecht geschehen."[105]) So hat ihm auch das Treiben in den langen Korriboren der vatikanischen Kanzlei einen unauslöschlichen Eindruck hinterlassen. „H i e werden die Gelübd aufgehebet; h i e wird den München Freiheit geben, aus den Orden zu gehen; hie ist feile der ehelich Stand der Geistlichen; hie mögen Bankerte ehelich werden, hie muß sich der ehelich Stand leiden, der in verbotem Grad oder sonst ein Mangel hat... Was Himmel und Erden nit vormag, das vormag dies Haus."[166]) Dazu, welch ein Apparat der Beamten und Schreiber! „Wer mag des Pabsts und der Cardinäl Gesinde zählen?" „Es ist ein solch Gewürm und Geschwürm in dem Rom, und alles sich päbstisch rühmet, daß zu Babylonien nit ein solch Wesen gewesen ist. Es sein mehr denn dreitausend Pabsts Schreiber allein; wer will die andern Amptleut zählen, so der Ampt so viel sein, daß man sie kaumet zählen kann."[167]) Aus solchen Erinnerungen merkt man doch, es ist ihm wohl gewesen, sich aus diesem Gewühle und Geschäftstreiben herauszuretten, dessen Zielen und Zwecken er innerlich völlig fremd gegenüberstand. All die Kriegsrüstungen des heiligen Vaters um ein paar verlorene Städte, der Konzilstreit, die Wirbel der Parteiintriguen, das ganze rasende Treiben der Klerisei rauschen unbeachtet an ihm vorbei. Es war ein Schattenspiel, damals noch ihm unverständlich.

Im übrigen hatte er keine Ursache, sich über die Kurie zu beschweren. Die Entscheidung seiner Sache erfolgte in einem Sinne, mit dem sein Erfurter Kloster und alle Anhänger der Observanz zufrieden sein konnten. Cochläus weiß, daß ein Vergleich die Streitigkeiten unter den Augustinern beendet habe.[168]) Die durch den Kardinal von S. Croce angebahnte Vereinigung von Konventualen und Obseranten wurde wieder gelöst. Schwierigkeiten machte die Kurie nicht, Luther rühmt vielmehr die glatte Abwickelung des Geschäfts, das in vier Wochen beendet war. Auch Staupitz war mit einer solchen Lösung, wie es scheint, einverstanden. War er doch nahe daran gewesen, seine eigene Kongregation zu sprengen, indem er die andere unterwerfen wollte. Die Kurie mochte sich aber von einer Verfügung des Kardinals von S. Croce um so leichter lossagen, als dieser zu den Franzosen abgefallen war und zu Pisa das große Wort führte. Johann von Mecheln und sein socius itinerarius verließen also mit glücklichem Erfolge die heilige Stadt, und bereits am 25. Februar 1512 finden wir Johann von Mecheln bei Staupitz und Besler in Salzburg.[169]) Die winterliche Wanderung durch die Alpen mag schwierig und großartig genug gewesen sein. Merkwürdig, daß Luther nie davon redet. Von Innsbruck sagt er einmal, es sei klein, aber die Häuser alle völlig gleich gebaut, so daß die Häuserzeile gleichsam ein einziges Gebäude bilde.[170]) Darf man aus solchen gelegentlichen Bemerkungen Rückschlüsse ziehen, so scheinen die Wanderer den Weg über Padua und Innsbruck genommen zu haben. In der Fastenzeit trafen sie dann mit dem Vikar und dem Münchener Prior Besler, der früher in gleicher Angelegenheit Staupitzens Vertreter in Rom gewesen war, in Salzburg zusammen.[171]) Johann von Mecheln wird von hier nach Köln gesendet, um dort eine Kapitelsversammlung für das nächste Pfingstfest vorzubereiten, Luther kehrte nach Wittenberg zurück, um seine

Vorlesungen wieder aufzunehmen. Bis Augsburg hatten die beiden Reisegenossen auch so noch denselben Weg. Dort taucht Luther noch einmal auf, „als er von Rom kommen und durch Augsburg gezogen".[172]) Im Augustinerkonvent zu Augsburg wird also der Abschied der beiden Gefährten sich vollzogen haben. Luthers letzter Gang in Augsburg galt wiederum einem religiösen Zweck. Er hörte von einer lebenden Heiligen, die sich der Nahrung entwöhnt hat und gewaltigen Zulauf von seiten des gläubigen Volkes findet. Auch Luther läßt sich durch einen Kaplan zu Jungfrau Ursula führen, die weder aß noch trank, und an dem Wunder selbst hätte er keinen Anstoß genommen. Aber die Reden der großen Fasterin befremdeten ihn. Als er ihr sagte: „Du möchtest wohl lieber todt sein, Ursula, und bittest den Herrn, daß er dich sterben lasse", erwiderte sie: „Oh nein, hie weiß ich, wie es zugehet; dort weiß ich nicht, wie es zugeht." Diese Furcht vor dem Jenseits war dem jungen Mönche verdächtig, und er erwiderte: „Ursel, schau nur, daß es recht zugehe." Das Wundermädchen, ärgerlich, daß sie sich verredet habe, suchte den schlechten Eindruck zu verwischen. „‚Oh', sprach sie, ‚behüte mich Gott und nahm mich und den Caplan, und führte uns hinauf in ihr Kämmerlin, da sie ihre Andacht hatte. Da hatte sie zween Altar stehen, und drauf zwei Crucifixe, die waren mit Harz und Blut also gemacht in Wunden, Händen und Füßen, als tröffe Blut heraus." Daß Luther damals schon das alles als Betrug erkannte, sagt er nicht, er hätte sonst wohl die Augustiner seines

Konvents zum Einschreiten veranlaßt. Später aber wurde Jungfer Ursula überführt, Pfefferkuchen unter der Schürze zu verbergen. Doch nahm sich die Herzogin von Bayern ihrer an, und sie durfte mit ihrem Erwerb, der nicht weniger als fünfzehnhundert Gulden betrug, frei abziehen.[173])

So schloß Luthers Romfahrt. Sie hatte etwa fünf Monate gedauert, wovon vier Wochen auf Rom kommen.¹⁷⁴) Am 8. Mai 1512 suchen die Grüße eines Freundes Luther wieder in Wittenberg.¹⁷⁵) Auch ein Andenken an diese längste Reise, die Luther je gemacht hat, wird später erwähnt. In dem Inventar der Hinterlassenschaft seines Enkels Johann Ernst Luther fand sich verzeichnet: „Meines gottseligen Großvaters Stab von einer Zuckerröhre, so er von Rom gebracht."¹⁷⁶) Mit der Mönchssitte und der Weisung Math. 10, 10 stimmt der Gebrauch eines Wanderstabes nicht, und so ist die Echtheit dieser evangelischen Reliquie ziemlich anfechtbar.

Über den innern Ertrag seiner Reise hat sich Luther später häufig ausgesprochen, aber es handelt sich da weniger um Eindrücke des Augenblicks als um Folgerungen, die er nach Jahren, als er selbst ein anderer geworden war, aus seinen früheren Erfahrungen gezogen hat. In den Briefen der unmittelbar folgenden Zeit läßt sich von einer befreienden Wirkung, die die römische Reise auf ihn geübt hätte, nichts wahrnehmen. Der Mönch, dessen letzter Gang in Augsburg der Besuch eines fastenden Wundermädchens war, ist aus Rom so gläubig heimgekehrt, wie er ausgezogen war. Es ist vollkommen wörtlich zu nehmen, wenn er versichert: „Ich glaubte alles." Schreibt er doch noch 1519 in seinem „Unterricht auf etliche Artikel": „Daß die römische Kirche von Gott für allen andern geehrt sei, ist kein Zweifel, denn doselb S. Peter und Paul, sechsunvierzig Päpste, dazu viel hunderttausend Martyrer ihr Blut vergossen, die Höll und Welt überwunden, daß man wohl greifen mag, wie gar einen besondern Augenblick Gott auf die selb Kirchen habe."[177]) An der Realität der römischen Heiligtümer hat er also auch in der Zeit keinen Zweifel, als er, durch bittere Erfahrungen belehrt, sich nicht mehr verhehlen kann, „daß es zu Rom also steht, daß es wol besser tuchte". Einen direkten Abschnitt seiner inneren Entwickelung bezeichnet mithin die Romfahrt nicht. Er sagt selbst, daß er damals nur die Lichtseiten des Papsttums gesehen habe, wie er später nur die Schattenseite ins Auge faßte.[178]) In gewissem Sinne hat ihn der Aufenthalt in Rom sogar in seinem gläubigen Standpunkte bestärkt. Er bleibt sein Lebenlang dabei, Petrus sei in Rom gewesen, obwohl es aus der Schrift nicht könne erwiesen werden[179]) und er sich des Widerspruchs der Sage von einem fünfundzwanzigjährigen Bistum Petri in Rom mit den Daten des Galaterbriefs und der Apostelgeschichte wohl bewußt ist.[180]) Ebenso sagt er zu einer Zeit, da er mit dem Papsttum für immer gebrochen hatte: "Ich halt, das zu Rhom mehr denn 200,000 Märtyrer blieben sind."[181]) Das Amphitheater, diese bis an den Rand mit Märtyrerblut gefüllte Opferschale, und die endlosen Gänge der Katakomben, in denen Hunderttausende von Heiligen "schränkigt" liegen, haben ihm diese Überzeugung unauslöschlich eingeprägt. Auch an den übrigen Heiligtümern zweifelt er nicht. Sagt er doch selbst von seiner Mönchszeit: "Ach lieber Herrgott, was haben wir doch nicht dürffen glauben! Ist es doch alles glaublich geweft und ist nichts so ungereimt und lügerlich geweft, das wir nicht gegläubt haben."[182])

Allerdings fehlte es auch an negativen Eindrücken nicht, wie die Schrift an den deutschen Adel und zahlreiche Tischreden, sowie die Schrift "vom Papstthum in Rom vom Teufel gestiftet" nachträglich behaupten. Man kann freilich streiten, wieviel Bedeutung Äußerungen zukomme, die zum Teil erst aus seiner letzten Lebenszeit stammen, als er selbst ein so ganz anderer geworden war. Aber wenn auch manches, was er als eigene Erfahrung erzählt, offenbar Produkt einer leicht erklärlichen Selbsttäuschung ist, so lag es doch in der Situation, daß im Jahre 1512 auch sehr antipäpstliche und pessimistische Urteile sein Ohr erreichen mußten. Gerade während des unglücklichen Krieges mit Frankreich und des schismatischen Pisaner Konzils war in Rom die Stimmung gegen den Papst eine sehr gereizte,

und die Art, wie Julius II. Geld zum Kriege gegen
Frankreich zusammenzubringen suchte, erweckte einen Sturm
von Entrüstung bei den Courtisanen, deren Exspektanzen
dadurch entwertet wurden. Es ist undenkbar, daß diese
Stimmen nicht auch Luthers Ohr sollten erreicht haben.
In der That klingen manche seiner Äußerungen wie der
Nachhall von Gesprächen, die er in den Klöstern führen
hörte, auf deren Gastfreundschaft er angewiesen war. Na=
türlich schalt man dort am Klostertisch, wenn die Verleihung
in commendam wieder einem Stifte seine Existenz unter=
grub, und das ganze System der päpstlichen Finanzwirt=
schaft mochte in diesem Zusammenhang des breiteren er=
örtert werden. So hat man Luthern von einem Courtisanen
in Rom erzählt, der für sich allein 22 Pfarren, 7 Prob=
steien und 44 Pfründen besitze. Dem Hindernisse aber,
daß das Kirchenrecht den Besitz mehrerer geistlichen Pfründen
verbietet, pflegte der Papst dadurch abzuhelfen, daß er die
vielen Pfründen in eine einzige verwandelte, „indem er sie
durch die unio und incorporatio in einander leibet, daß
eins des andern Glied sei, und also gleich als ein Pfrund
geacht werden". Bei solchen Gesprächen im Refektorium
und Kreuzgang mag es auch vorgekommen sein, daß die
Courtisanen, wie er versichert, selbst sagten: „Es ist un=
möglich, daß es so soll länger stehn, es muß brechen."
Andere aber meinten, die Sonne sei müde, diese Greuel
länger zu bescheinen, wie die Erde sie nicht mehr tragen
möge.[133]) So redet er von einem Sprichworte: „Je näher
Rom, so schlechter Christen,"[134]) und in einer Vorrede vom

Jahre 1545 sagt er: „So habe ich selbs zu Rom gehört sagen für 34 Jahren: Ist eine Hölle, so ist Rom darauf gebaut." [185]) Auch seine Erzählung von den unerhörten Greueln in der Familie Alexanders VI. schließt er mit der Versicherung: „Das habe ich zu Rom für gewiß gehört." [186]) Was wäre auch begreiflicher, als daß die Gespräche der Mönche im Konvent sich noch immer um die abenteuerlichen Zustände unter den Borgias drehten, deren Andenken der regierende Papst selbst auf das leidenschaftlichste verfolgte.

Was er so von den in Rom lebenden Ordensgenossen hörte aus der Chronik des Papsttums seit Innocenz VIII., was er von den Kriegsrüstungen Julius' II. mit eigenen Augen sah, der Luxus der Karbinäle und die Trägheit der geistlichen Maultierreiter, die den Observanten anstößige Laxheit der Klöster, die Frivolität in der Behandlung der Messe, der ungestrafte Bruch der Fasten in demselben Rom, das den Deutschen seine Dispense teuer verkaufte, [187]) das alles waren Stacheln im Gemüte des frommen jungen Mönches, die er doch nicht wieder losmurde. Alle jene Erfahrungen, die er neun Jahre später in der Schrift an den Adel deutscher Nation zu einer furchtbaren Anklage gegen Rom zusammenflocht, hat er damals gemacht, aber es lag in seiner Natur, diese Eindrücke erst langsam in sich verarbeiten zu müssen. Verloren waren sie nicht, sie wachten auf, als der Respekt vor der kirchlichen Autorität ihn nicht mehr zwang, sie in sich zu ersticken. Von dem Druck innerlich befreit, zog er nachträglich alle Konsequenzen

aus ihnen und sah das ganze römische Wesen in anderem
Lichte. Nun wurde ihm seine Romfahrt in einem ganz
anderen Sinne wertvoll, und er sagte, „er wolle nicht
100,000 Gülden dafür nehmen, daß er nicht hätte Rom
gesehen und selbst augenscheinlich erfahren, wie die Päpste
und Bischofe die Welt beludiert hätten". „Ich müßte mich
sonst immer besorgen ich thäte ihnen Gewalt."[188]) Aber
er fügt auch ausdrücklich hinzu: „obwohl ich damals
seine Abscheulichkeit noch nicht erkannt hatte."[189]) „Solches
haben wir zu Rom nicht konnen erkennen, wir sahen dem
bapst in's angesicht, nunc vero extra majestatem vide-
mus ei in culum"[190]), Rom ist ihm jetzt caput et bestia
terrae[191]), wie es ihm damals die Quelle aller Gnade war.
Das Rom, das er verehrte, war kein anderes als das,
das er bekämpfte, und so hat er selbst darüber reflektiert,
wie er im Grunde gerade so gut unter Julius II. wie
unter Leo X. die Lossagung von Rom hätte verlangen
können. Die Aussichten einer Schilderhebung wären unter
Julius II. nach seiner Meinung sogar entschieden günstiger
gewesen als unter Leo X., denn unter Julius II. hätte
er an Frankreich und Österreich Bundesgenossen gehabt.[192])
„Aber Gott wollte nicht, daß ich wider Julius schriebe.
Ich war ihm noch zu jung."[193]) Auch hier mußte
die Zeit erfüllet werden. „Denn wenn Gott nur ein
Wort spricht, und sagt: ‚Jerusalem, falle dahin; Rom,
komm umb und lieg in der Aschen; König, gib dich ge=
fangen; Junker Papst, steige vom Stuhl herab‘: von Stund
an geschicht Alles." Mit diesen Worten beschließt er in

den Tischreden seine Betrachtungen über den Papst, unter
dem er in Rom war.[194]) Noch hatte er damals die Binde
über den Augen, und war „zu jung". Aus der blindesten
Verehrung des Papsttums, so hat er stets behauptet, hätten
ihn erst die unerhörten Gewaltthaten der Dominikaner auf-
gerüttelt. Er sei an einem Ziele angekommen, von dem
er nie geträumt, denn Gott habe ihn geführt wie einen
blinden Gaul. Wir sollen wissen, wie er in einer späteren
Vorrede zu seinen 95 Thesen sagt, „daß er vor dieser
Zeit auch ein Münch, und der rechten unsinnigen rasenden
Papisten einer" gewesen sei, „so voll und truncken, ja so
gar ersoffen in des Papstes Lehre, daß ich für großem
Eifer bereit wäre gewesen, zu ermorden, oder hätte ja
zum wenigsten gefallen daran gehabt und dazu geholfen,
daß ermordet wären worden alle die, so dem Bapst in der
geringsten Syllaben nicht hätten wollen gehorsam und unter-
worffen sein". Wenn diese Schilderung nicht von der Zeit
seiner Wallfahrt gälte, von welcher gilt sie sonst? Luther
selbst dehnt diese Periode bis über den Thesenstreit aus,
die Wallfahrt nach Rom hat sie jedenfalls nicht beendet.

Anmerkungen.

1) Kolbe, Die deutsche Augustinerkongregation und Johann von Staupitz. Gotha. 1879.
2) Kolbe, Zeitschrift für Kirchengeschichte 2, 465.
3) Lebensbeschreibung des Nikol. Beßler in der fortgesetzten Sammlung von alten und neuen theologischen Sachen. Leipzig 1732, 356 ff.
4) Corpus Ref. 6, 160: Staupicius traducit Lutherum Wittebergam anno 1508, cum iam ageret annum vicesimum sextum ... Post triennium Romam profectus propter Monachorum controversias" etc.

Cochläus schreibt: „Ubi autem post triennium orta esset inter fratres ordinis sui discordia, eo quod septem conventus a vicario per Germaniam generali in quibusdam dissentirent, ille a conventibus illis delectus in litis procuratorem, Romam profectus est, eo quod esset acer ingenio, et ad contradicendum audax ac vehemens. Ea autem lite inter partes transactionibus, nescio quibus, composita et finita, ille Vuittenbergam reversus, in Theologia factus est doctor" etc. Hist. Joannis Cochlaei de actis et scriptis Martini Lutheri. pag. 2. Ein weiteres Zeugnis eines

Gegners, des italienischen Augustiners Milensius, veröffentlicht N. Paulus, Histor. Jahrbuch der Görresgesellschaft 1891, 69 f. Dieser Augustiner behauptet in einer 1613 zu Prag veröffentlichten Schrift über die deutschen Augustinerklöster, sieben, Staupitzens Plänen abgeneigte Klöster, darunter Erfurt, hätten Luther nach Rom geschickt: „Martinum Lutherum monachum frontosum ac linguacissimum Romam" (miserunt). Johann von Mecheln wird hier nicht genannt.

5) Kurzes Bekenntniß vom Sacrament vom Jahr 1545. E. A. 32, 424.

6) Kolbe, Zeitschrift für Kirchengeschichte 2, 468.

7) Kolbe, Luther 1, 74.

8) So auch Jürgens, Luther bis zum Ablaßstreit 2, 270.

9) Lauterbach, ed. Seidemann 9.

10) „Da ich, Doctor Martin Luther, mit meinem Bruder auf dem Reinzuge zu Mailand wollte Messe halten" 2c. 2c. Tischreden, Förstemann 2, 303.

11) Die Anekdoten bei Karl Jürgens, Luther bis zum Ablaßstreit 1, 273. Lingke, Luthers Reisegeschichte 14 ff., der auch ähnliche Sagen über den Aufenthalt in Padua darbietet.

12) Coll. I, 383.

13) E. A. 62, 422. Analecta nach Mathesius ed. Loesche, 215. Nr. 336.

14) Tischreden, Förstem. 4, 672. Mathesius, Analecta von Loesche Nr. 336.

15) Jürgens a. a. O.

16) Lauterbachs Tagebuch von Seidemann. 134.

17) Scholae ineditae de Psalmis. Ed. Seidemann. IX und 269. 343. Lauterbachs Tagebuch 30. 134.

18) Gespräch vom 10. März 1539. Seidemann, Stud. u. Krit. 1582, II, 550.

19) E. A. 62, 422. Coll. I, 383.

20) Coll. I, 382.

21) Ebenda 383.
22) Coll. I, 195. Bindseil.
23) Tischreben, Förstemann 1, 411.
24) Coll. II, 132.
25) Ebenda 182.
26) Coll. II, 133. Bindseil.
27) Coll. II, 128. Lauterbach 173.
28) Tischreben, Förstemann und Bindseil. 4, 679.
29) Tischreben nach Schlaginhauffen. Ed. Preger. 80.
30) E. A. 58, 425.
31) Tischreben, Förstemann 4, 594.
32) Tischreben, Förstemann 4, 680.[1]
33) Tischreben 3, 291. Coll. I, 127.
34) Tischreben 4, 680. E. A. 62, 430. Coll. I, 376.
35) Coll. I, 132. E. A. 60, 401.
36) Coll. III, 35.
37) Coll. II, 195.
38) Lauterbach 16.
39) Coll. III, 35. Tischreben, Förstemann 3, 335. 4, 302. E. A. 60, 398. 32, 424.
40) Kurzes Bekenntniß vom h. Sacrament. E. A. 32, 424.
41) Coll. III, 35. E. A. 60, 398. Tischreben, Förstemann 3, 335. 4, 302.
42) Coll. I, 463. Bindseil.
43) Coll. III, 101.
44) Coll. I, 375. Lauterbach 16. Erzählungen von einer angeblichen Predigt Luthers in Padua, Lingke, Reisegeschichte 20, für die sogar eine eigene Kanzel errichtet werden muß, um dem Zudrang zu genügen, haben keinen Wert.
45) Coll. I, 205. Bindseil.
46) Lauterbach 16.
47) Tischreben nach Schlaginhauffen. Ed. Preger. 37.
48) Tagebuch des Corbatus 343.

49) Tagebuch des Corbatus 329.
50) Coll. 1, 195. 197. Bindseil.
51) Coll. I, 134. Bindseil. Tischreden, Förstemann 3, 299.
52) Tischreden, Förstemann 4, 678. Coll. III, 13.
53) Analecta nach Mathesius. Ed. Loesche 203.
54) Tischreden, Förstemann 4, 676 f. Coll. I, 372 Bindseil. Analecta nach Mathesius 59. Tagebuch des Corbatus 141. 233.
55) Coll. II, 179.
56) Coll. I, 375.
57) E. A. 60, 227; 27, 90. Lauterbachs Tagebuch. Ed. Seidemann 64.
58) E. A. 62, 425.
59) Coll. I, 132. Bindseil.
60) Coll. I, 375.
61) E. A. 62, 429. Förstemann 4, 678. 680.
62) E. A. 62, 430. Förstemann 4, 680.
63) Coll. II, 127.
64) Coll. I, 375. Tischreden, Förstemann 4, 679.
65) Lauterbach 16.
66) Coll. I, 375.
67) Tischreden, Förstemann und Bindseil 4, 677. Coll. I, 374. Bindseil.
68) E. A. 62, 427. Förstemann, Tischreden 4, 677. Lauterbach. Ed. Seidemann 165 f.
69) Walch XVI, 2294. Urkundenband zu D. M. Luthers Schriften. Vgl auch E. A. 21, 315.
70) Erzählungen aus diesem Krieg Coll. III, 225 ff. Analecta nach Mathesius 299 und sonst in den Tischreden.
71) E. A. 21, 293.
72) Tagebuch des Corbatus 141. Möglicherweise ist übrigens die Erzählung des Corbatus nur eine Doublette zu einer ähnlichen Erzählung in den Tischreden 3, 202, die in Rom spielt.

73) Andere nennen ebenso willkürlich Pabua, vgl. Lingke, Luthers Reisegeschichte. 1769. S. 20.
74) Lauterbachs Tagebuch 105. Ed. Seidemann. Coll. II, 283. E. A. 60, 426.
75) Tagebuch des Corbatus 233.
76) Auslegung des 101. Psalms anno 1534 zu B. 1. E. A. 39, 277.
77) Coll. I, 165. Bindseil. Rebenstock I, 89 a.
78) Rebenstock, Coll. II, 146. Tischreden, Förstemann 4, 687.
79) Analecta des Mathesius 362.
80) Vgl. Kolbe, Die deutsche Augustinerkongregation 35.
81) Vgl. seine Lebensbeschreibung in der fortgesetzten Sammlung von alten und neuen theologischen Sachen. Leipzig 1732, 356 ff.
82) Vgl. die Vorrede.
83) Lauterbach, Ed. Seidemann, 9, nach Kummer.
84) Tagebuch des Corbatus, 58. E. A., 60, 290. Rebenstock I, 87 b. Aurifaber 608. Förstemann, Tischreden 3, 255. 4, 685.. Die älteren Zeugen nennen den Papst nicht, die Späteren bezeichnen Leo X. Ist die Erzählung begründet, so kann sie am ehesten unter Alexander VI. und Cesare Borgia sich zugetragen haben.
85) Förstemann, Tischreden 4, 688.
86) Rebenstock II, 14 b. Coll. III, 169. Bindseil.
87) Coll. I, 163. Bindseil. Im Anklang an die übliche Bezeichnung des sacco di Roma sagt er, Rom sei siebenmal „saccusirt" worden. Lauterbach 16.
88) Carmen seculare. Strophe 3.
89) E. A. 24, 8.
90) Förstemann, Tischreden 4, 688.
91) Erklärung des 117. Psalms. Widmung an Hans von Sternberg.
92) Förstemann, Tischreden 4, 687.

93) Analecta nach Mathesius. Ed. Loesche. 112.
94) Coll. II, 8. Bindseil. Tischreben 3, 242 f.
95) Vgl. Mirabilia Romae. Ed. Parthey 51.
96) Neue Zeitung vom Rhein. Anno 1542, No. 12. Tisch=
reben 4, 690.
97) Vgl. die Beschreibung der Mirabilia Romae 49—51.
98) E. A. 60, 218.
99) An den christlichen Adel deutscher Nation. E. A. 21, 292 ff.
100) Coll. II, 9. Bindseil.
101) Förstemann, Tischreben 3, 258. E. A. 60, 294.
102) Jürgens, 2, 334.
103) Döllinger, Papstfabeln 22.
104) Die Mirabilia Romae verlegen den Stein 56: iuxta Caliseum, das Grab der Päpstin aber ad sanctum Pitreum.
105) Tischreben, Förstemann 3, 184. E. A. 60, 192.
106) Tischreben 3, 183 f. Coll. III, 232.
107) Mathesius, Analecta 374. E. A. 58, 89. 90; 23, 264.
108) Vgl. E. A. 58, 89 mit Mirabilia Romae 41, 15 f.
109) E. A. 23, 264.
110) Tischreben 3, 210. Coll. III, 247. Schlaginhauffen 15.
111) Das Verzeichniß Mirabilia Romae. Ed. Parthey. 52.
112) E. A. 40, 284.
113) E. A. 40, 284.
114) Bibliothek zu Rudolstadt.
115) E. A. 40, 284.
116) Das Reliquienverzeichnis Mirabilia Romae 59.
117) Coll. III, 230. Tischreben 3, 183.
118) Mirabilia Romae. Ed. Parthey. 62, 11.
119) E. A. 40, 284.
120) Coll. III, 230. Bindseil. E. A. 30, 192.
121) Coll. III, 107.
122) Coll. III, 249.

123) E. A. 21, 301.
124) E. A. 26, 130.
125) E. A. 26, 130.
126) Coll. I, 163. E. A. 62, 430.
127) E. A. 26, 130.
128) E. A. 26, 130.
129) Coll. I, 162.
130) Vgl. auch die Erzählung der Mirabilia Romae. Ed. Parthey. 12 und 53.
131) Coll. III, 255.
132) E. A. 24, 247.
133) E. A. 26, 130.
134) E. A. 40, 284.
135) Mathesius, Analecta 391.
136) Förstemann, Tischreben 3, 211. E. A. 60, 231. Coll. III, 249.
137) Von der Winkelmesse und Pfaffenweihe E. A. 31, 327.
138) Coll. I, 375.
139) Analecta nach Mathesius 327 f.
140) Coll. III, 126.
141) Vgl. W. Roßmann, Gastfahrten 32.
142) An den christlichen Adel. E. A. 21. 316.
143) Roßmann a. a. O. 106.
144) E. A. 21, 316 f.
145) E. A. 62, 439 f.
146) E. A. 21, 298.
147) E. A. 62, 437. Analecta nach Mathesius 220.
148) Coll. I, 162.
149) Coll. I, 162.
150) Coll. I, 163.
151) Coll. I, 462 f. Bindseil.
152) Coll. I, 164.
153) E. A. 62, 437.

154) Förstemann, Tischreden 4, 688.
155) Rebenstock I, 87 b. Aurifaber giebt Vanbalen mit Wenden wieder, was vielleicht auch Luthers Meinung gewesen ist. Förstemann, Tischreden 4, 680. Coll. I, 163; III, 107. Bindseil. E. A. 62, 436.
156) Coll. III, 107 f. Bindseil.
157) E. A. 31, 327.
158) Förstemann, Tischreden 4, 594. Walch 22, 2279. Von Mahlern.
159) Tischreden nach Schlaginhauffen. Ed. Preger 100. E. A. 60, 189.
160) E. A. 62, 439.
161) E. A. 60, 188.
162) E. A. 60, 182.
163) E. A. 60, 188 f. Förstemann, Tischreden 3, 185. 179.
164) E. A. 62, 440.
165) E. A. 21, 309.
166) E. A. 21, 304.
167) E. A. 21, 295.
168) Ea lite inter partes transactionibus, nescio quibus, composita et finita (Lutherus) Vuitembergam reversus. A. a. O. 2.
169) Kolbe, Zeitschrift für Kirchengeschichte 2, 468.
170) Coll. III, 102.
171) Kolbe, Augustiner-Kongregation 241.
172) Förstemann, Tischreden 4, 435.
173) Förstemann, Tischreden 4, 435 f.
174) Seidemann, Lauterbachs Tagebuch 9.
175) Kolbe, Analecta Luth. 4.
176) D. Martin Luthers merkwürdige Reisegeschichte von M. Joh. Th. Lingke. Leipzig. 1769. 26.
177) E. A. 24, 8. Auch hier stimmt Luther mit dem deut-

schen Pilgerbuch, das von S. Calixt sagt: „In derselben Gruft liegen 46 heiliger pebst."
178) Förstemann, Tischreben 4, 687.
179) Analecta nach Mathesius. Ed. Lösche 205.
180) Coll. II, 120 f. E. A. 26, 172.
181) Ebenda 373. Ebenso 391: Hoc est certissimum, quod Romae plurimi sint Martyres sepulti. Rebenstock I, 208 b. Roma in loco sancto.
182) Coll. III, 269. Bindseil.
183) E. A. 26, 131; 23, 10.
184) E. A. 21, 317.
185) Coll. I, 162. 166. Bindseil. E. A. 23, 10.
186) E. A. 60, 195.
187) E. A. 21, 295. Coll. III, 18.
188) Analecta nach Mathesius 391. E. A. 62, 438. 441. Förstemann, Tischreben 4, 690. 687. Coll. I, 161.
189) Coll. I, 165.
190) Coll. I, 165.
191) Coll. II, 160.
192) Coll. III, 226 f.
193) E. A. 60, 187. Tagebuch des Corbatus 233.
194) E. A. 60, 187. Coll. III, 169.

Namen-Register.

A.

Aegibius von Viterbo. 5. 31.
S. Agnese. 53.
S. Agostino. 28. 72. 74.
Albanerberge 49.
Alexander VI. 70. 71. 80.
Alpen. 73.
Ambrosius. 17. 46.
Antonius von Padua. 18. 21.
Augustinus. 66.
Augustinus von Interamna. 4. 5.
Augsburg. 74. 77.
Aventinus. 64.
Aquae Salviae. 54.

B.

Babel. 66. 72.
Bayern. 12. 75.
Belvedere. 63.
Benno von Meißen. 55.
Benvenuto Cellini. 64.
Bernhard, Kardinal von S. Croce. 5. 10. 23.
Bentivoglio. 23.
Besler, Nikolaus. 4. 5. 7. 8. 11. 28. 31. 73.
Bologna. 5. 23. 58.
Bolsena. 68.
Bonifacius III. 43. 46.
Borgia. 70. 80.
Bramante. 36.
Brunelleschi. 24.

C.

Calixtkirchhof. 50. 51.
Campagna. 64. 65.
Capella sancta sanctorum. 47.
Campofiore. 69.
Capitolinus. 64. 66.
Cestiuspyramide. 54.

Cinquecento. 34.
Clemens VII. 24. 25.
Cochläus. 7. 9. 72.
Colosseum. 57. 64. 78.
Consistorium. 71.
Constantin. 49.
Cremona. 16. 18.
S. Croce in Gerusalemme. 4. 9. 70. 72. 73.

D.
Dante. 9. 36.
Dominikaner. 82.
Donatello. 24.

E.
Engelsburg. 31.
Enkhuizen. 8. 31.
Erfurt. 6. 32. 72.

F.
Faust. 49.
Florenz. 24.
Forum Romanum. 64.
Friedrich II. von Hohenstauffen. 26.
Friedrich der Weise. 5.

G.
Gerbert von Rheims. 49.
Ghiberti. 24.
S. Giovanni in Laterano. 36. 39. 45. 46. 53.
Gothen. 66. 67.
Gregor der Große. 17.

H.
Habakuk. 48.
Hadrian, Kaiser. 36. 67.
Hadrian VI. 69.
Halle. 10.
Helena. 49.
Herodes 28.
Hessen. 12.
Hieronymiten. 55.

J.
Janiculus. 55.
Innocenz VIII. 80.
Innsbruck. 18. 73.
Johann von Mecheln. 6. 7. 8. 9. 10. 11. 31. 73.
Johanna, Päpstin. 40.
Judas Lebbäus. 38.
Julius II. 5. 23. 31. 34. 58. 59. 63. 67. 69. 70. 71. 79. 80. 81.

K.
Katakomben von S. Agnese. 53.
„ von S. Calixt. 50. 51. 78.
Köln. 7. 73.
Kolbe. 3.
Konstantin der Große. 45.

L.
Lange, Augustinerprior. 8.
Lateran. 49. 50.
Leo X. 25. 81.
Lionardo. 24.
Lombardei. 15.
Longobarden. 66.
S. Lorenzo fuori le mura. 55.
S. Lucas. 29.
Lucina, Krypta. 76.
Luther, Johann Ernst. 51.

M.
Machiavelli. 25.
Magdeburg. 10.
Mailand. 11. 16. 17. 18.
S. Maria degli angeli. 65.
„ maggiore. 55.
„ del popolo. 4. 28. 29. 30. 31. 58.
S. Maria della rotonda. 42. 43. 44.
S. Martinus. 37.
Mathesius. 59.
Maxentius. 28.
Meißen. 12.
Melanchthon. 7. 16.
Memmingen. 5.
Michelangelo. 24. 67. 71.
Minoriten (Franziskaner). 52. 57. 64.
Mirabilia Romae. 23. 35. 38. 39. 40. 43. 44. 45. 46.

Monte Mario. 27.
Monte Testaccio. 54.
München. 11. 12.

N.
Nero. 30.
Nürnberg. 6. 7. 29.

O.
Observanten. 4. 73. 80.
Ostia. 55.

P.
Padua. 12. 16. 18. 73.
S Pancrazio. 55
S. Paolo (Paulus). 3. 39. 40. 46.
S. Paolo, fuori le mur. 53. 54. 55.
Palladio. 65.
Papirius. 41.
Paschalis. 29. 30.
Petrus. 70. 71.
S. Peter. 34. 36. 37. 3. 40. 53. 60. 70.
S. Pietro in montorio.
Piazza del popolo. 28.
Pilatus. 37.
Pisa. 23. 58. 73. 78.
Pistoja. 24.
Photas. 43.
Plutarch. 60.
Po. 15.

Poltersberg. 63.
Ponte molle. 27. 28.
Porta Appia. 50.
„ del popolo (Flaminia). 28. 29. 30.
Porta Ostiensis. 54.
Proles, Andreas. 3.

Q.
Quirinalis 64. 65.

R.
Raffael Santi. 28. 34. 67. 68. 69.
Rietpusch. 4.
Rovere. 59. 71.

S.
Sachsen. 12. 18.
Salzburg. 6. 7. 8 11. 18. 73.
Savanarola. 25
Schwaben. 12.
Schweiz. 12. 13. 14.
S. Sebastian. 50.
S. Sebastiano e Stephano. 21. 50. 53.
Siena. 26.
S. Silvestro in capite. 44.
Sixtinische Capellen. 67.
Sixtus V. 41.
Staupitz. 4. 5. 6. 7. 9. 10. 11. 31. 32. 73.

Stephanus. 50.
Sylvester II. 49.
S. Susanna. 28

T.
Tarpeischer Fels. 64.
Thermen des Caracalla. 50.
„ des Diocletian. 65.
Tiberius. 37.
Tre fontane, Abtei. 54.
Trier. 67.

U.
Ursula von Augsburg. 75.

V.
Vatikan. 71.
Venedig. 18.
Vergerius, Legat. 23.
S. Veronica. 37.
Via Appia. 50. 52
Via Ardeatina. 54.
Via Flaminia. 26.
Via Nomentana. 53
Via Ostiensis. 53. 54.
Viminalis. 65

W.
Wartburg. 15.
Wenden (Vandalen). 66.
Wittenberg. 5. 6. 7. 8. 11. 73. 76.

7*